Maria Chiara Gritti

La Principessa
che voleva amare Narciso

Come uscire insieme dai labirinti del cuore

Sonzogno

A tutte le coppie che si sono rivolte a me
per trovare una via d'uscita
dal labirinto nel quale è rimasto imprigionato il loro cuore
e che hanno avuto il coraggio di lasciarsi guidare
nella profondità delle loro anime,
dove hanno scoperto l'esistenza
di un nuovo modo d'amare

Indice

La leggenda del tesoro nascosto

Conservata tra le pieghe del tempo esiste una leggenda antica, che narra di come un giorno l'Inventore del mondo e di tutte le sue meraviglie decise di riporre le cose più preziose della vita in luoghi sicuri e lontani da ogni pericolo.

Depose piccoli semi sotto la terra per proteggerli dal vento e donò a essi la capacità di mettere radici e di generare fiori e frutti, affinché a nessuna creatura mancasse il nutrimento per crescere.

Nascose scintille tra le pietre e regalò a esse il potere di generare il fuoco, per offrire calore all'umanità.

Racchiuse l'incanto del mare dentro preziose conchiglie adagiate negli abissi e conferì loro la virtù di produrre perle lucenti, per elargire la bellezza al mondo.

Creò la perfezione delle forme e la celò dentro bianchi cristalli pronti a cadere dal cielo, e assegnò a essi la dote di purificare l'aria e sprigionare allegria.

Adagiò un liquido scuro negli strati della crosta terrestre e gli affidò il potere di trasformarsi in energia, per consentire all'uomo di muoversi ed esplorare qualsiasi parte del pianeta.

Poi fu il momento del tesoro più prezioso, l'unicità di ogni individuo.

L'Inventore pensò a lungo a come proteggere un bene di tale valore.

Scrutò tutti gli angoli del mondo, ma nessun luogo sembrava abbastanza sicuro, finché finalmente si accorse dell'esistenza di un posto speciale.

Decise di nascondere l'identità di ogni bimbo venuto al mondo nel punto più profondo del cuore di chi l'aveva generato.

Da quel momento tutti gli esseri umani furono destinati a compiere un lungo viaggio attraverso i labirinti dell'anima dei propri custodi, prima di poter conoscere se stessi.

Il cammino non sarebbe stato né breve né facile, ma l'Inventore donò ai bambini un potere speciale: la capacità di entrare nel cuore dei genitori, aprendo un varco dentro il loro sguardo ogni volta che l'avessero incrociato.

Anno dopo anno, occhi dentro occhi, i bambini sarebbero riusciti a comprendere se stessi e questa rivelazione li avrebbe resi liberi e pronti a lasciare il cuore che li aveva accolti, per intraprendere un nuovo viaggio alla scoperta della vita.

Ma non per tutti era prevista questa felice sorte.

Si narra dell'esistenza di bimbi smarriti nell'anima che li aveva ospitati, bambini che non smisero mai di vagare alla ricerca di un luogo impossibile da trovare.

E anche se il tempo aveva reso adulti i loro corpi, nel mondo interiore erano rimasti piccoli, in attesa di scoprire il volto della propria identità.

A tutti loro è dedicata questa storia, che racconterà le incredibili avventure di un uomo e di una donna, intrappolati in un'infanzia senza fine, e mostrerà come il loro incontro, inizialmente doloroso, riuscirà a trasformarsi in un'occasione di crescita conducendoli alla scoperta di un tesoro che sembrava ormai perduto.

1

La storia di Angelica, la custode della principessa

Un percorso di vita incompiuto

Il buio negli occhi

Angelica nacque in una notte d'inverno in una piccola casa popolata da molti fratelli, curiosi di scoprire il volto della nuova compagna di giochi.

Il suo parto fu lungo e doloroso, ma quando finalmente venne alla luce e spalancò gli occhi al mondo, la piccola si sentì dolcemente travolta dal profumo della pelle della mamma, dalla melodia della sua voce e dal calore delle sue braccia, che la stringevano come fosse il dono più bello mai ricevuto.

Non appena ebbe recuperato le forze perse nel travaglio, la mamma avvicinò il suo fagottino al petto per offrirle il nutrimento nascosto nel seno e, con occhi adoranti, la guardò intensamente per la prima volta.

Accarezzò le sue guance e, dopo aver scrutato ogni dettaglio del piccolo viso, esclamò: «Voglio darti un nome che possa sempre ricordare il tuo candore e la tua bellezza. Ti chiamerò Angelica.»

Fu quello il momento in cui la bimba scoprì di possedere un potere. Aggrappata alla mamma, mentre un nettare squisito riempiva il suo pancino donandole calma e sazietà, incontrò lo sguardo della persona che l'aveva generata e si tuffò dentro di lei.

Ciò che trovò nell'anima della donna fu qualcosa di incredibile. Ogni angolo di quel luogo magico emanava tepore, e una luce illuminava la strada che sembrava condurre in un posto meraviglioso. Fu lì che la piccina mosse il suo primo passo alla scoperta di se stessa.

Angelica provò un'emozione così forte che sentì il desiderio di restare per sempre in quello spazio senza tempo né confini, dove lei e la mamma potevano essere una cosa sola e non separarsi mai.

Non fu semplice accettare che la donna da cui era nata fosse custode di molte identità, quelle dei suoi fratelli, e che ciascuno bramasse i suoi occhi per entrare dentro di lei e proseguire il percorso alla ricerca della propria unicità. La mamma si impegnava molto perché a nessuno dei suoi piccoli mancasse un momento di incontro con lei, ma quell'istante era talmente bello che i figli faticavano a lasciarla e reclamavano altri attimi di attenzione.

Ognuno aveva trovato un proprio modo per farlo. Il più grande aveva capito che compiere buone azioni gli consentiva di avere la dedizione della mamma, e riuscì persino a guadagnarsi il titolo di più saggio tra i fratelli.

Il secondo dovette inventarsi una nuova strategia e casualmente scoprì che anche combinare disastri era una strada efficace. Quando accadeva, infatti, la mamma interrompeva ciò che stava facendo per badare a lui. La sua fama non era buona come quella del fratello maggiore, ma a lui bastava avere la mamma vicino.

Il terzo si rese conto ben presto di avere un talento speciale nel fare disegni, e così ogni giorno creava dipinti straordinari che facevano luccicare gli occhi dei familiari, quelli della mamma in particolare.

Il quarto figlio, mosso dalla voglia precoce di scoprire il mondo prima ancora di se stesso, cercava di attirare l'attenzione il meno possibile per potersi defilare e uscire di casa. Ma così, senza volerlo, faceva in modo che fosse la mamma a cercarlo e a invogliarlo a stare con lei.

Angelica, l'unica figlia femmina, osservava i fratelli per capire quale strategia avrebbe potuto mettere in atto, e finalmente un giorno anche lei trovò una via: imparò a diventare veloce, la più veloce di tutti.

Quando lo sguardo della mamma si posava su di lei, la piccola entrava con un balzo nei suoi occhi e cominciava a correre a grandi falcate, per guadagnare tempo e rendere intenso ogni secondo. Capì rapidamente molte cose di se stessa: il suo cammino le rivelò che era una bambina caparbia, coraggiosa e molto intelligente.

La mamma, però, non era l'unica custode. Anche il papà lo era: nel cuore aveva strade da percorrere per ogni figlio e celava immense conoscenze da rivelare. In tutte le famiglie, infatti, le madri e i padri dividevano il tesoro da donare ai propri bimbi e ciascuno ne conservava una parte, così da non dover reggere un peso troppo grande. Solo se i figli avessero percorso il cammino nell'anima di entrambi i genitori avrebbero potuto scoprire ogni aspetto nascosto di ciò che li rendeva unici e speciali.

Ma il padre di Angelica c'era molto poco, perché doveva lavorare per consentire a tutti loro di nutrirsi e studiare. La sera rientrava felice di rivedere la sua famiglia e desideroso di offrire tempo ai figli che lo attendevano, ma le sue giornate erano così intense che gli occhi faticavano a restare aperti e immancabilmente si chiudevano, abbandonandosi a un sonno profondo.

Anche se lo sguardo del papà durava poco, Angelica, che aveva imparato a essere rapidissima, si immergeva veloce dentro di lui, scovando panorami mozzafiato e scorci di se stessa che la facevano sentire bella e felice.

La vita della piccola e dei suoi fratelli stava procedendo al meglio, quando improvvisamente accadde qualcosa che avrebbe cambiato per sempre le loro esistenze.

Da qualche tempo l'espressione della mamma era diversa. Gli occhi avevano smesso di brillare e per tutti era diventato difficile trovare un varco per entrare dentro di lei.

Quando Angelica riusciva a intrufolarsi nel suo cuore, sentiva che qualcosa era cambiato. Il tepore che prima era solito accoglierla si faceva sempre più tenue, i colori sbiadivano. La strada che la portava verso se stessa sembrava più incerta. La bimba si sentiva perduta e non capiva cosa stesse accadendo.

Nessuno diceva nulla, c'era tanto silenzio in ogni stanza e, quando provava a chiedere dove fosse finita la luce che illuminava gli occhi della mamma, la sua domanda cadeva nel vuoto. Finché un giorno fu la mamma stessa a parlare. Chiese ai figli di sedersi accanto a lei nel letto in cui giaceva ormai da tempo e, guardandoli uno a uno con tutta la forza che le era rimasta, disse: «Non potrò più accompagnarvi nel vostro cammino e guidarvi verso voi stessi come avrei tanto voluto.» Poi, prendendo fiato, proseguì: «Ma non dovete disperare: vostro padre vi aiuterà e troverete nel mondo altri occhi dentro cui scoprire il tesoro che avevate cominciato a cercare in me.»

Lo sguardo della mamma era cupo e nessuno ormai poteva più entrare, ma Angelica, che non era solita arrendersi, riuscì a infilarsi dentro di lei per l'ultima volta. Sentì ancora il calore del cuore della mamma, poi fu subito freddo, e la strada verso se stessa svanì nel nulla. Angelica capì che i loro occhi non si sarebbero più incontrati e per la prima volta vide il buio.

I giorni passarono, ma l'oscurità in cui brancolava insieme al padre e ai fratelli non sembrava abbandonarla. Ogni tanto cercava di guardarsi attorno per scorgere un nuovo bagliore, ma le lacrime che cadevano copiose le offuscavano la vista.

Una sera il suo mondo divenne ancora più cupo. Il papà comunicò ai figli una cosa difficile da spiegare e da comprendere soprattutto per chi, come loro, aveva appena perduto la luce. Annunciò che li avrebbe affidati ad altre persone, non potendo badare a loro durante il giorno. Aveva scelto una casa con tanti maestri che avrebbero insegnato loro come vivere, e con altri bambini con i quali avrebbero potuto giocare. Lui sarebbe andato a trovarli appena gli fosse stato possibile.

Il papà si sforzava di sorridere mentre comunicava la sua decisione, come a volerli convincere che si trattava di una cosa bella, dimenticandosi per qualche istante che i bambini possono addentrarsi nel cuore e sentire ciò che nasconde.

Tutti loro entrarono e videro che anche il mondo del papà aveva perso i suoi colori.

Partirono dopo qualche settimana verso una nuova vita, con gli occhi spenti e bramosi di incontrare qualcuno che fosse capace di accenderli. Angelica si aggrappò con forza alle ultime parole della mamma, nella speranza di trovare altri sguardi che potessero rivelarle la sua identità.

Il sogno atteso

Il viaggio verso la nuova casa fu breve. L'edificio che li avrebbe accolti era enorme, con un grande giardino pieno di bambini, anche loro alla ricerca della strada perduta.

Angelica e i suoi fratelli vennero accompagnati nelle camere e solo in quel momento scoprirono che sarebbero stati divisi, perché maschi e femmine non potevano vivere nella stessa stanza. La piccola osservò i suoi fratelli allontanarsi, intimorita all'idea di non poterli rivedere, ma loro la guardarono con occhi rassicuranti, accarezzando le sue paure e promettendole che non l'avrebbero mai dimenticata.

In quel luogo le giornate trascorrevano lente e piene di cose da fare e da imparare. I maestri parlavano molto, rivelando segreti sul mondo e sulla sua storia, donavano matite per scrivere e pastelli per colorare. Leggevano libri pieni di lettere e suonavano oggetti capaci di creare musica.

Angelica ascoltava attenta, domandandosi impaziente quando sarebbe arrivato il suo momento, quello in cui qualcuno l'avrebbe presa in braccio e, sfiorandole le guance, l'avrebbe guardata intensamente.

Ma gli occhi di quegli adulti erano sempre sfuggenti e faticavano a posarsi su di lei. Quando riusciva a intrufolarsi dentro di loro scopriva mondi interiori molto diversi. Alcuni erano freddi, come se non fosse mai entrata luce, altri erano vuoti, altri ancora pieni di strade rumorose e confuse.

Alcuni maestri, invece, celavano percorsi stupendi che l'avrebbero condotta a imparare molto di sé, ma il tempo che le veniva concesso era troppo breve per fare progressi nella conoscenza della propria unicità.

Anche gli incontri con il papà diventavano sempre più veloci e i suoi occhi non offrivano più luoghi in cui addentrarsi.

Angelica aveva già scoperto di essere tenace e per questo continuò a cercare altri sguardi. Provò e riprovò, ma riusciva a cogliere solo piccoli pezzi di se stessa.

Ce la mise davvero tutta, ma con il tempo la ricerca divenne troppo faticosa, troppo dolorosa. Nulla sembrava placare la mancanza degli occhi della mamma, né riusciva a soffocare i pensieri che la portavano a lei e al calore che non aveva più sentito. Così un giorno i suoi tentativi cessarono.

Smise di elemosinare l'attenzione di persone che non sembravano avere tempo per lei, cessò di attendere la luce laddove c'era solo buio e azzittì l'insistente voce della curiosità che le chiedeva di scoprire se stessa. Si accontentò di ciò che sapeva e dimenticò il tesoro nascosto.

Con il passare degli anni, il dolore per l'assenza della mamma sembrò mitigarsi. Gli occhi di Angelica impararono a riempirsi di cose che le donavano sollievo. Si incantavano spesso a osservare la vastità del cielo, si schiudevano al sole per carpire un po' di calore e si nutrivano con la bellezza racchiusa nei fiori.

Un giorno però lo sguardo di Angelica, ormai diventata donna, notò qualcosa che non aveva mai visto. Mentre giaceva in un campo, ammirando con stupore la meraviglia delle rose, gli occhi di un ragazzo la colpirono. Nessuno l'aveva mai guardata con una tale intensità, che sembrava quasi capace di metterla a nudo, provocandole un piacevole imbarazzo.

Il giovane, che pareva abile nell'intuire i desideri nascosti in fondo al suo cuore, raccolse i fiori che Angelica stava contemplando e glieli porse: «Li ho colti per te, così potrai ammirarli anche stasera e guardandoli penserai a me.»

Il nome dell'uomo misterioso era Andrea, e quello fu solo il primo di molti altri incontri e di molti altri fiori che lui le regalò. Ogni giorno Andrea andava da Angelica, desideroso di immergersi nei suoi occhi pieni di candore, simili a quelli di una bimba che attende qualcuno che la porti alla scoperta della vita e di se stessa.

Andrea cominciò a condurla per le strade del mondo, che lui aveva precocemente calpestato, beandosi dell'incanto con cui la fanciulla rimirava tutto ciò che le stava attorno, e desiderò passare sempre più tempo insieme a lei, per ritrovare la purezza e l'ingenuità che lui aveva ormai perso.

La ragazza, che non aveva mai esplorato il mondo, si lasciava guidare da quell'uomo che, nonostante la giovane età, pareva aver già affrontato i cammini più impervi dell'esistenza con coraggio, come suggeriva il significato del suo nome.

Andrea le svelò anche molte cose su se stessa. Le fece scoprire di essere bellissima, dolce, premurosa e soprattutto felice quando stava in sua compagnia. Grazie a lui lo sguardo della donna diventava ogni giorno più luminoso, e pian piano riaffiorò il ricordo delle parole della mamma: «Troverete nel mondo altri occhi dentro cui scoprire il tesoro che avevate cominciato a cercare in me.»

Angelica si convinse che fosse proprio lui la persona che l'avrebbe finalmente condotta a se stessa, e forte di questo pensiero viveva solo in attesa di incontrare lo sguardo di Andrea, dimenticando qualsiasi altra cosa.

Ma i suoi occhi, persi nel rimirare lo splendore di un sogno che sembrava in procinto di realizzarsi, non vollero soffermarsi su alcuni luoghi bui intravisti nell'anima di Andrea, il quale trovava sempre un modo per distrarla e spingerla a guardare altrove.

2

La storia di Andrea, il custode della principessa

L'arte di cavarsela da soli

Un invalicabile muro

Andrea era molto bravo nel depistare le persone che avevano accesso alla sua interiorità e nel bloccare i passaggi che potevano condurle nel profondo. Lui stesso evitava di percorrere lunghi tragitti nella vita della gente, convinto che in questo modo avrebbe aggirato i pericoli nascosti nelle strade del cuore.

L'aveva imparato dalla madre, che lo aveva messo al mondo quando ancora non era pronta a diventare una custode del tesoro. Sua mamma aveva scoperto di ospitare la vita dentro di sé mentre era alla ricerca della propria identità e tentava di scoprire cosa fosse nascosto nell'anima del suo compagno, che aveva conosciuto da poco.

Forse intuendo la fatica della mamma, il piccolo aveva scelto un giorno di primavera per scivolare fuori in gran velocità, bramoso di affacciarsi al mondo. Quando era venuto alla luce, la madre gli aveva donato solo uno sguardo fugace, ancora provata dal parto e spaventata dalla debolezza che l'aveva travolta. Aveva deciso di dargli un nome che l'avrebbe incoraggiato a diventare forte e capace di cavarsela da solo: Andrea.

Adagiato accanto alla mamma esausta, il piccino si era sforzato in ogni modo di incontrare i suoi occhi, ma aveva faticato a trovare una fessura per entrarle dentro. Quando si era affacciato aveva percepito solo un lieve tepore: i colori del suo mondo erano tenui e le strade poco definite. Andrea si era sentito disorientato, non sapendo bene dove andare. I percorsi per arrivare a se stesso sembravano tutti in salita e il bimbo mosse i suoi primi passi turbato e incerto riguardo a ciò che avrebbe scoperto.

La mamma ce l'aveva messa tutta per guidarlo alla ricerca della sua identità e aveva provato in ogni modo a celare i vicoli bui che avvertiva nelle viscere, ma non era riuscita a mentire a se stessa né tantomeno al suo bambino, capace di vedere tutto ciò che si nascondeva dentro di lei.

Andrea aveva continuato il suo difficile cammino, certo che prima o poi sarebbe stato ripagato con qualcosa di meraviglioso, ma più si inoltrava, più gli ostacoli aumentavano.

Aveva trovato un vicolo cieco che gli aveva svelato quanto la mamma avrebbe preferito una femmina con lunghi capelli biondi da accarezzare; si era arrampicato su pareti rese impervie dall'insofferenza della donna a dedicargli tempo. Aveva scoperto dirupi scolpiti dalla fatica di accettare la sua vivacità e un burrone che raccontava di come la madre avrebbe voluto proseguire il percorso verso se stessa, anziché interromperlo per accoglierlo.

La mamma era convinta di aver celato questi pensieri in luoghi lontani e guardava il suo piccolo senza timore di ferirlo, ma lui aveva visto tutto e aveva compreso di essere un ostacolo nella sua vita. E poiché la amava più di ogni cosa, aveva deciso di risparmiarle la fatica di mostrargli il cammino. L'avrebbe lasciata libera.

Fu così che, ogni volta che la donna gli offriva il seno per nutrirlo, Andrea fingeva di non avere fame, evitando che i loro sguardi si incrociassero. Nessuno aveva capito cosa stesse succedendo al piccolo, né perché piangesse così spesso. Le vie dentro la mamma erano diventate sempre più cupe e incerte, tanto che spesso lei aveva affidato il bimbo alle braccia del padre, nella speranza che almeno lui riuscisse a calmarlo.

Il mondo del papà era più colorato, ma non c'erano strade perché nemmeno lui, persino più inesperto della mamma, le aveva ancora costruite. Dentro il padre non era possibile conoscersi; Andrea aveva scoperto invece enormi scivoli luccicanti, così divertenti da distrarlo e placare le lacrime per qualche istante.

Ben presto Andrea si era convinto di dover trovare da solo il proprio percorso: aveva imparato a farsi bastare le piste giocose che il suo custode gli offriva e gli sguardi fugaci che la mamma gli donava quando si sentiva di buonumore, compiendo in lei solo brevi tragitti e tenendosi al riparo dalle insidie nascoste.

Nella ricerca della sua identità aveva sperimentato molti sentieri e spesso, in mancanza di una guida che lo indirizzasse, si era persino messo in pericolo. Per questo era diventato sempre più esperto nel riconoscere i percorsi rischiosi e nel transitare solo per poco tempo nei piacevoli cammini racchiusi dentro i cuori delle ragazze, per poi scappare lontano, dove nessuno avrebbe potuto rintracciarlo.

Quando incappò negli occhi di Angelica, però, accadde qualcosa di diverso. La strada che stava percorrendo dentro di lei sprigionava un calore meraviglioso: il suo mondo era vivido di colori rubati alla bellezza dei fiori e a ogni angolo trovava parole di gratitudine per esservi entrato. Scoprì di essere la cosa più bella che Angelica avesse mai incontrato, e per la prima volta non sentì il desiderio di fuggire.

Così proseguirono il cammino insieme. Angelica scavava dolcemente nel mondo di Andrea, che le permise di inoltrarsi più a fondo di quanto, fino a quel momento, avesse concesso a chi era entrato in lui. La ragazza però stentava a trovare ciò che cercava, e più si addentrava nell'anima, più comparivano strade buie, fredde e senza uscita. Finché un giorno la sua discesa si fermò dinanzi a un invalicabile muro.

Per tutta la vita Andrea aveva costruito barriere per impedire a chiunque di arrivare nel punto più recondito del suo cuore, dove aveva sepolto le cose terribili di sé, quelle che aveva scoperto nei primi momenti della propria esistenza e che, negli anni seguenti, aveva cercato di dimenticare. Per quanto desiderasse stare con Angelica, non poteva permetterle di superare quel confine, oltre il quale avrebbe trovato solo strade lastricate di ferite e di segreti che dovevano restare rinchiusi.

Qualcosa suggeriva ad Angelica che sarebbe stato saggio uscire dal mondo di Andrea e cambiare direzione, cercando altri occhi da esplorare. Ma abituata al buio e ai percorsi interrotti, accettò di restare, accontentandosi di passeggiare lungo le strade percorribili della sua anima e rinunciando, ancora una volta, alla ricerca del tesoro che si era illusa di trovare dentro di lui.

Andrea si sentì fortunato ad aver incontrato una creatura angelica, come il nome della fanciulla suggeriva, capace di tollerare ciò che altre non avrebbero mai potuto sopportare.

3

La nascita della principessa

Gli ostacoli inaspettati e la soluzione
per restare insieme

La via d'uscita

Senza aver completato il viaggio alla scoperta della propria identità, Angelica e Andrea decisero di unire le loro strade e di passeggiare insieme per il resto della vita. Nessuno dei due avrebbe condotto l'altro molto lontano, né avrebbe trovato nuove parti di sé dentro gli occhi del compagno. Accomunati dalla solitudine dei propri percorsi, pensarono che proseguire l'esistenza l'uno al fianco dell'altra fosse molto più di quanto fosse stato concesso loro fino a quel momento.

Passo dopo passo la coppia avanzava verso la direzione scelta, ma il sentiero che stavano tracciando si rivelò più impervio del previsto. Angelica si sforzava di accontentarsi del breve tragitto offerto dall'uomo, ma l'imponente muro che le impediva di procedere la rendeva sempre più cupa e così, quando Andrea entrava dentro di lei per scaldarsi, non avvertiva più lo stesso tepore.

Insieme stavano costruendo un labirinto fatto di barriere e angoli senza colore: si sentivano sempre più smarriti l'una nel mondo dell'altro ma, proprio quando lo sconforto sembrava averli travolti, Andrea pensò che esistesse una via d'uscita. Non appena l'idea fu chiara nella sua mente, si tuffò in gran fretta dentro Angelica per mostrarle il sentiero che li avrebbe salvati e la giovane donna, per la prima volta dopo tanto tempo, vide qualcosa che le scaldò l'anima.

Nella strada che Andrea voleva creare con lei c'era il sogno di un figlio, e i due si convinsero che proprio lui li avrebbe uniti in un nuovo percorso da compiere insieme. Il desiderio di un piccolo riaccese in loro la voglia di guardarsi e non ci volle molto per tramutarlo in realtà. La coppia trascorreva le giornate in attesa che il bimbo nascesse, progettando per lui meravigliosi sentieri senza ostacoli che lo avrebbero condotto velocemente al tesoro nascosto.

Si promisero che il bambino non avrebbe mai dovuto patire le fatiche che loro avevano sopportato, che non avrebbe affrontato aspre salite, burroni, muri o strade interrotte. Avrebbe passeggiato insieme a loro, mano nella mano, verso la scoperta della propria identità.

Tra un patto e l'altro, alla fine arrivò il momento di vedere il figlio che tanto avevano immaginato. Una mattina d'estate, Angelica sentì che la creaturina che aveva ospitato era pronta a lasciare il suo corpo e la aiutò a venire al mondo con tutte le sue forze. Dopo intensi minuti di dolore poté finalmente abbracciarla e scoprire che si trattava di una bellissima bambina.

Il suo volto tondo e paffuto emanava un bagliore meraviglioso, che inondò gli occhi di mamma e papà. Rapiti da tanto splendore, decisero di darle un nome dal sapore antico, capace di racchiudere tutta la sua luce: la chiamarono Febe.

Angelica e Andrea strinsero emozionati il loro fagottino e, guardandosi, videro il mondo dell'altro illuminarsi di speranza, la speranza che la loro piccina li avrebbe allontanati per sempre dal buio in cui stavano brancolando.

Febe incontrò gli sguardi dei genitori, intenti a studiare ogni particolare del suo viso, e valicò i loro mondi attraversando le scure pupille. Le strade che trovò erano raggianti, ma il chiarore di quei sentieri, troppo forte per i suoi deboli occhi, le impedì di scorgere il percorso da intraprendere. Le sembrò di intravedere tragitti mozzafiato e panorami strabilianti ma, accecata dal luccichio delle loro anime, non poté rimanere a lungo.

Dopo pochi istanti chiuse le palpebre, esausta, e si addormentò felice sognando quello che, solo in seguito, avrebbe scoperto essere un miraggio costruito dai loro desideri.

4

La storia di Febe, la principessa che diventò adulta in fretta

Il viaggio dentro le anime dei custodi

La caduta nel vuoto

La giovane coppia, diventata ora custode di un immenso tesoro, cominciò l'atteso percorso progettato per mesi, ma presto comparvero intralci imprevisti. Nei giorni che seguirono il parto, Angelica sembrava precipitata in un burrone dal quale non riusciva a risalire.

Uscendo dal corpo della mamma, Febe aveva creato un enorme vuoto nella sua anima, e Angelica continuava a sprofondare dentro quella voragine. Ogni strada in lei si era tramutata in un sentiero chiuso e tutto il paesaggio nel suo mondo aveva assunto una malinconica sfumatura grigia.

Angelica non trovava la forza di uscire dal baratro in cui era piombata e attendeva inerme un appiglio per risollevarsi. Lo cercava negli occhi di Andrea, ma dentro di lui trovò solo la desolazione di un uomo incapace di offrire sostegno perché aveva imparato a fuggire di fronte ai pericoli, cercando scorciatoie che gli impedissero di cadere in un precipizio.

Andrea fu molto tentato di andarsene dal mondo cupo che Angelica gli stava mostrando, terrorizzato all'idea di dover affrontare i vicoli bui già conosciuti dentro la madre. Amava Angelica, ma aveva imparato a rinunciare all'amore quando l'altra cercava di farlo inciampare nelle crepe della propria insicurezza.

Ogni volta che lei si inoltrava nel suo sguardo lo vedeva sempre più lontano, e a scuoterla fu proprio la tremenda paura di essere nuovamente abbandonata, che la spinse a rialzarsi con le forze rimaste.

Frugò ovunque nella sua anima, cercando energie per riempire il vuoto e per scrostare il grigio delle strade nel suo cuore. Poco per volta, con enorme fatica, riuscì a ridare un po' di colore alla propria esistenza.

Andrea si sentì rassicurato nel percepire che Angelica era ancora capace di emanare tepore, e resistette alla tentazione di costruire nuovi muri che lo proteggessero dal gelo che aveva avvertito in lei.

Per diverso tempo, gli occhi della giovane coppia non riuscirono a offrire alla piccola nessun varco da oltrepassare. Febe cercava in ogni modo di attirare la loro attenzione, provando tutte le strategie possibili: pianti, risate, digiuno. Ma la mamma e il papà, distratti dalle paure e dai dolori, sembravano avere sempre lo sguardo altrove.

La bambina stava quasi per convincersi che in lei ci fosse qualcosa di brutto che impediva ai suoi custodi di considerarla, finché finalmente avvertì un cambiamento.

Era un giorno pieno di silenzio e calma. La mamma era riuscita a placare l'incessante movimento delle preoccupazioni che la portavano sempre lontana, e provò il desiderio di soffermarsi sulla piccolina. La bimba trovò una fessura negli occhi della donna e con slancio si catapultò nel suo mondo, iniziando in quell'istante il cammino alla ricerca della propria identità.

L'anima della mamma era molto diversa da come la ricordava, mancavano l'intenso bagliore e il calore che aveva percepito nei suoi primi minuti di vita, ma proseguì, immensamente felice di muovere i primi passi dentro di lei. La foschia che avvolgeva le strade del cuore rendeva difficile riconoscere il sentiero giusto e Febe si avventurò lentamente, provando a orientarsi anche senza luce.

Il suo coraggio venne premiato quando improvvisamente

si trovò davanti una strada lastricata di colori e immersa in un tepore che la invitava a procedere. La piccola avanzava impaziente, fantasticando su cosa avrebbe imparato su se stessa, e poco per volta raccolse le prime stupende rivelazioni.

Scoprì che la mamma aveva proprio desiderato avere una figlia femmina: fin da piccina cullava la sua bambola, sognando che un giorno sarebbe diventata la custode di una bimba. Febe gioì per aver realizzato questo desiderio.

La strada le svelò anche che la madre adorava il profumo della sua pelle e che spesso si stupiva di aver generato una creatura così bella e vivace. Di nuovo Febe provò felicità nell'intuire di essere graziosa e nel capire che la sua voglia di muoversi ed esplorare rendeva fiera la mamma.

Trovò anche magnifici ricordi. Il ricordo del loro primo abbraccio, di cui riuscì a percepire tutto il calore. Quello della prima notte accovacciata tra le sue braccia, l'emozione della prima poppata, la tenerezza della prima carezza. Ma proprio mentre si sentiva travolta da quelle piacevoli sensazioni, Febe cominciò ad avvertire qualcosa di strano.

Nell'incedere notò che la strada iniziava a divenire impervia, che le tinte sbiadivano e con esse anche il tepore. Non trovò più pensieri gioiosi né dolci memorie e tutto si fece più cupo. Febe continuò a camminare, stranita dall'atmosfera ma decisa a scoprire cosa stesse accadendo. Arrivò con fatica alla fine del tratto e si stupì accorgendosi che il sentiero era interrotto da uno steccato che non le permetteva di proseguire.

La piccina, che aveva camminato fiduciosa alla ricerca di pezzi di sé, non voleva rinunciare alla scoperta di altre parti e usò le sue ultime forze per scavalcare il recinto. Oltrepassarlo fu difficile: la mamma aveva creato alte barriere per impedirle di scorgere cosa fosse nascosto in quel pezzo della sua anima. Angelica, però, non era molto abile nel costruire ostacoli protettivi, e non si era accorta di alcune fessure rimaste scoperte nella staccionata.

Fu così che Febe penetrò nelle fenditure dello steccato e si ritrovò in un giardino senza vita, nel quale giacevano fiori lendidi ma privi dei loro colori. La piccina si avvicinò a quelle meraviglie adagiate sul terreno e scoprì che avevano un nome: si chiamavano delusioni.

Il primo fiore racchiudeva la delusione causata dal papà, che aveva lasciato sola la mamma mentre sprofondava nelle voragini della tristezza e della stanchezza. Poi c'era il fiore delle giornate deludenti, fatte di infinite ore di solitudine e di dedizione alle faccende di casa. Infine, Febe trovò il fiore della sua nascita. La mamma l'aveva tanto attesa, ma poi era rimasta travolta da un inspiegabile senso di mancanza, che da quel momento non l'aveva più abbandonata.

Nel prato c'erano tanti altri fiori e la piccola avrebbe voluto scoprirli tutti, ma non ci fu tempo. La mamma, che non immaginava cosa stesse osservando la sua bimba, distolse lo sguardo da lei, regalandole un ultimo sorriso e una carezza prima di tornare alle commissioni quotidiane.

Febe seguì con gli occhi la madre che si allontanava, inondata dalla strana sensazione che quei fiori le avevano provocato. Si domandava come mai dentro la mamma ci fosse un luogo così cupo. Non si dava pace. Voleva capire perché avesse nascosto quei fiori e li avesse lasciati morire, e venne colta da un improvviso desiderio di prendersene cura. Si convinse che il buio che vedeva dentro gli occhi della madre fosse provocato proprio da quel pezzo di giardino senza sole, e promise a se stessa che avrebbe trovato il modo di riportare la luce laddove il colore e il calore avevano cessato di esistere.

Nei momenti di calma entrò diverse volte nella mamma precipitandosi al recinto dei fiori, animata dalla voglia di coltivarli. Dopo molti tentativi, però, dovette arrendersi al fatto che le sue manine erano troppo piccole per scavare il terreno, troppo deboli per rompere la staccionata, e non sapeva ancora dove trovare l'acqua per annaffiarli.

Febe non faceva che domandarsi come risanare quel pezzo di terra finché, dopo aver tanto pensato, credette di aver trovato una soluzione. Germogliò nella sua mente l'idea di dover crescere il più in fretta possibile, per avere mani abbastanza grandi da coltivare il prato e forza sufficiente per distruggere le barriere che non lasciavano penetrare la luce. Si persuase di dover esplorare nuovi luoghi dentro la mamma per scovare l'acqua necessaria ai fiori.

Giorno dopo giorno Febe si convinse che, una volta curato quel terreno arido e spento e distrutte le zone di ombra e freddo, la sua custode l'avrebbe guardata con occhi pieni di luce per giornate intere, si sarebbe dedicata a lei e l'avrebbe condotta alla scoperta della propria unicità.

Accadde così che la bimba, che si era incamminata alla ricerca di se stessa, incappò in un segreto che cambiò il corso del suo destino, conducendola in luoghi molto lontani da quello in cui era custodito il volto della sua identità.

Una vetta irraggiungibile

Febe trascorreva le sue giornate nell'attesa di incrociare lo sguardo della mamma, per proseguire il viaggio e realizzare in fretta il suo piano di diventare grande. Il pensiero di quel giardino dimenticato la rendeva inquieta. La mamma percepiva che la sua bambina la cercava con maggior insistenza, e che i momenti di distacco diventavano più faticosi, come se la piccina fosse sempre meno interessata a ciò che la circondava e sempre più bisognosa di restare in contatto con lei.

Angelica tentava di distrarla con attività divertenti ma l'effetto durava poco, e non appena Febe avvertiva la lontananza della propria custode la richiamava a sé, esprimendo costantemente la necessità di tornare dentro di lei.

La mamma non riusciva a spiegarsi il suo comportamento, né a comprendere le motivazioni che la spingevano a starle vicino in continuazione. Febe le trasmetteva un turbamento che non sapeva come interpretare. Cominciò a pensare che la sua piccola fosse un po' fragile, timorosa dei pericoli che la circondavano e dai quali cercava sempre rifugio tra le sue braccia. A poco a poco Angelica sposò l'idea che Febe avesse bisogno di protezione e, accontentandosi di questa visione, si lasciò guidare dalle sue richieste.

Forse, se avesse guardato con più attenzione negli occhietti della bimba, sarebbe riuscita a scorgere i fiori, ma la custode aveva dimenticato quanto in profondità possano vedere i bambini quando entrano nel cuore dei genitori.

Andrea osservava le due donne appiccicate l'una all'altra e sentiva che c'era qualcosa che non andava in quello strano equilibrio. Faceva molta fatica a ritagliarsi uno spazio con la sua piccolina e solo in qualche occasione riusciva a strappare Febe dalle braccia della mamma, portandola con sé. Desiderava che la figlia scoprisse che non c'era nulla da temere nel mondo. Per aiutarla a scorgere le meraviglie che la circondavano non le offrì il suo sguardo ma le sue spalle, sulle quali la poneva per donarle il panorama della vita.

Era convinto che Febe non fosse fragile come Angelica la dipingeva e, per incentivarla a sperimentare la sua forza nascosta, la spronava a correre, a rotolare e a divertirsi scendendo da alti scivoli, come lui stesso aveva imparato dal padre.

Febe amava stare in sua compagnia, ma non riusciva a lasciarsi andare perché la tensione dei pensieri rivolti a quei fiori le impediva di rilassarsi e di godersi il piacere della leggerezza.

Andrea sentiva l'incertezza della piccola, ma continuò a proporle di scoprire il mondo e se stessa attraverso il corpo, certo che prima o poi l'avrebbe resa più forte, finché un giorno venne bloccato da qualcosa di inatteso.

In un caldo pomeriggio d'estate, incoraggiò la sua bimba a saltare per sperimentare la robustezza delle gambe e la loro capacità di farla volare. La bambina però non riuscì a sollevarsi, appesantita dai soliti pensieri che la schiacciavano a terra. Il papà, preoccupato, si avvicinò e per la prima volta la guardò intensamente negli occhi. In quel preciso istante cominciarono a scendere l'uno nelle profondità dell'altra.

Febe si trovò davanti una lunga strada in salita, sterrata, piena di sassi e buche, che lasciava intuire la presenza di una vista mozzafiato, ma solo se fosse riuscita a raggiungere la vetta. Incuriosita dallo scenario che, ne era certa, avrebbe premiato le sue fatiche facendole conoscere cose incredibili di sé, si mise in cammino. A ogni passo il sentiero si faceva più ripido e la piccola scivolava continuamente sui ciottoli, che la costringevano a ricominciare da capo.

Con le gambe tutte graffiate, non si perdeva d'animo e ripartiva, mossa dal desiderio di sapere quale parte della sua identità fosse celata in un luogo tanto elevato. Provò e riprovò innumerevoli volte, si aggrappò al terreno sconnesso, imparò a scansare i sassi sdrucciolevoli, ma non appena superava un ostacolo si presentava una sfida ancora più ardua.

La bambina era sfinita e, con i piedi doloranti, si abbandonò scivolando per l'ennesima volta al punto di partenza. Con la testa appoggiata a terra riprese fiato, guardandosi intorno alla ricerca di un percorso più semplice: non voleva tornare da quel viaggio a mani vuote.

Finalmente intravide, nascosta nell'ombra e nella nebbia, un'altra strada da percorrere dentro papà, un tragitto agevole, senza pietre né pericoli. Corse imboccando la via con l'energia dell'entusiasmo, vagando con la fantasia e immaginando le cose incredibili che avrebbe trovato.

La foschia sul viottolo le impediva di vedere chiaramente dove si stesse dirigendo e la mancanza di luce rendeva gelida l'aria, ma Febe proseguiva fiduciosa, pronta a gustarsi il traguardo. Tutto sembrava filare liscio, quando improvvisamente la bimba si sentì respingere da qualcosa di freddo che la buttò a terra.

Cosa mi ha fatto cadere?, si domandò mentre tentava di rialzarsi.

La coltre le offuscava la vista. Con cautela allungò le braccia per capire cosa l'avesse fatta cascare. I palmi indagarono la superficie circostante, esplorando con cura fino a intuire che davanti a lei si ergeva un enorme muro. Anche il papà, come la mamma, aveva creato un confine per impedirle di proseguire, ma la fortezza da lui edificata pareva ancora più impenetrabile, senza pertugi in cui infilarsi.

Febe tornò nuovamente all'inizio del percorso, esausta e

consapevole del fatto che dentro il padre non avrebbe potuto oltrepassare barriere o cercare scorciatoie. Doveva trovare il modo di superare la salita impervia e di conquistare una meta che sembrava irraggiungibile.

La soluzione di Andrea

Mentre la piccola compiva il primo viaggio nell'anima del padre, scoprendo le fatiche e l'oscurità di quel mondo, non si accorse che anche lui era entrato nei suoi occhi per comprendere quale peso le impedisse di spiccare il volo.

Andrea si inoltrò con passo lento e prudente, sfiorando il delicato percorso che Febe aveva cominciato a costruire dentro di sé. Si sentì avvolto da un calore che gli ricordava qualcosa di familiare e restò abbagliato dinanzi ai mille colori che ricoprivano la strada: non aveva mai visto niente di simile. Sorrise pensando che forse li aveva inventati la sua piccina usando la lente della fantasia, e per un attimo si lasciò inondare da quelle sfumature che lo trasportarono a tempi lontani, quando anche lui sapeva usare gli occhi per vedere cose che non esistevano sulla Terra.

Tutto era molto piccolo e sottile nell'anima di Febe, e Andrea si muoveva con cautela per non sciupare nulla, perlustrando attorno a sé per cogliere segnali che sciogliessero i suoi dubbi. Lungo il sentiero incontrò alcuni pensieri che avevano cominciato a prendere forma nella bambina e scoprì che Febe aveva già intuito molte cose sulla propria identità.

Le prime idee che trovò erano lucenti e profumate e raccontavano di come la piccola si sentisse graziosa, coraggiosa e tenace. Andrea fu felice di vedere queste meraviglie e le abbracciò per renderle ancora più forti, ma proseguendo notò che il profumo di certi pensieri si faceva più lieve e le tinte diventavano più cupe.

L'idea di andare alla scoperta del mondo si era ingrigita e la voglia di giocare con gli amici aveva perso la propria fragranza. Il desiderio di inventare mondi fantastici si era spento e pian piano la strada si faceva più stretta, fino a raggiungere un luogo che non lasciava presagire nulla di buono.

Con il cuore sospeso, Andrea procedeva con prudenza, com'era solito fare quando percepiva presenze tetre. Il minuscolo viottolo culminò in un praticello circondato da uno steccato che superò senza fatica, scoprendo qualcosa che lo lasciò senza parole. Nascosto dietro la staccionata trovò un arbusto minuto dai foschi colori, su cui era inciso un pensiero segreto: IO CURERÒ LE DELUSIONI. Dipinti su ogni fogliolina c'erano i nomi dei fiori delle delusioni, che la piccola aveva imparato a memoria.

Andrea capì all'istante che era quella la ragione che le impediva di muoversi nella vita e si sentì lacerato all'idea che Febe avesse incontrato il buio nell'anima della mamma, proprio com'era accaduto a lui quando era piccino.

Non poteva lasciare lì quel pensiero, era certo che avrebbe rovinato la sua bimba. Così, con tutte le proprie forze, prese tra le mani il gracile tronco e fece per estirparlo dal terreno.

Con grande sorpresa scoprì che, nonostante le dimensioni, l'alberello era ben ancorato dentro di lei e le radici avevano scavato nel profondo, nutrendosi della linfa contenuta nei colori e nei profumi dell'anima di Febe. Andrea provò ancora per qualche istante, stupito dalla forza di quell'idea, ma comprese che non sarebbe riuscito a estirparla.

Fin da bambino aveva imparato a proteggersi dai segreti scappando il più lontano possibile dal dolore che gli provocavano, e non conosceva altri modi per evitare i pericoli. Sentì di non avere gli strumenti per aiutare la piccola e uscì dall'anima di Febe lasciandole quell'enorme peso dentro il cuore.

Il viaggio che Andrea e sua figlia avevano compiuto l'uno nel mondo dell'altra aveva generato in loro qualcosa di nuovo.

Dentro Febe, accanto al cupo arbusto cominciò a germogliare un'altra piantina scura, sul cui tronco risaltava la scritta IO RIUSCIRÒ A RAGGIUNGERTI: un nuovo pensiero che rinforzava la convinzione di dover diventare adulta in fretta, per avere gambe abbastanza lunghe da salire rapidamente verso la vetta intravista nel suo custode.

Andrea, invece, non riusciva a dimenticarsi del segreto che aveva scoperto e ripensava continuamente all'albero che cresceva nella sua bimba. Il tormento di quelle immagini, che tornavano ogni giorno alla sua memoria, fece nascere un'idea in lui: dare inizio a un nuovo cammino che l'avrebbe condotto a un lavoro di successo e a una vita più agiata per tutti.

Avviare il progetto sarebbe stato molto impegnativo, avrebbe richiesto tempo e fatica, ma si cullava nell'illusione che un'esistenza più confortevole avrebbe potuto lenire le delusioni della moglie e quindi alleggerire i pensieri della piccola Febe. Sollevato di aver trovato una via d'uscita, si tuffò subito in questa impresa e cominciò a lastricare la strada verso il successo.

Angelica si lasciò entusiasmare dal sogno dello sposo e, fantasticando su una vita finalmente in discesa, si mise al suo fianco per realizzare in fretta il percorso.

Febe osservava con attenzione i suoi custodi e rivide il bagliore accecante che aveva incontrato, appena nata, nel loro sguardo. La luce sembrava farli risplendere, ma la bimba non riusciva a sentirsi felice, come se un presentimento la avvertisse di una presenza oscura.

Le bolle pesanti

La costruzione del tragitto verso una vita benestante aveva reso più difficile il percorso di Febe dentro le anime dei custodi. Il padre era così impegnato che aveva solo briciole di tempo da dedicarle e in quei frangenti la bimba riusciva a malapena a imboccare la strada verso la vetta, senza mai realizzare grandi progressi.

La mamma sembrava più distratta del solito e i suoi occhi si incantavano spesso fissando un punto nel vuoto. Le strategie che generalmente Febe utilizzava per attrarla a sé non funzionavano più, e presto la piccola dovette ricorrere a proteste più energiche per richiamare Angelica.

Un giorno, le vigorose lamentele di Febe riuscirono a distogliere la mamma dai pensieri in cui sembrava perdersi, spingendola finalmente a prestarle attenzione. La bimba si precipitò dentro di lei, determinata a realizzare il suo piano di crescere in fretta, ma al suo ingresso venne attirata da una strada che non aveva mai visto prima. Il chiarore del percorso e un suono irresistibile la invogliarono a proseguire.

Febe si trovò improvvisamente immersa in un luogo incredibile, diverso da qualsiasi cosa avesse mai visto. Dinanzi a sé vide un morbido campo che ricordava la consistenza delle nuvole, dal quale spuntava una coltivazione di bolle colorate.

Meravigliata dalle sfere luccicanti che si sollevavano dal terreno, si avvicinò e si accorse che spuntavano da vasi sui quali spiccava la scritta LE BOLLE DELL'ILLUSIONE.

Ogni vaso era diverso e, proprio come i fiori, ciascuno aveva un nome speciale.

C'era l'illusione che il successo di Andrea avrebbe portato felicità, l'illusione di non avvertire più il buio della mancanza, e poi l'illusione che Febe sarebbe diventata la bambina più brava e intelligente di tutte, realizzando quello che Angelica non aveva potuto fare.

Stranamente la piccola sentì che quelle bolle, che sembravano tanto leggere, avevano creato un grande peso dentro di lei. Avrebbe voluto avvicinarsi ancora di più per capire meglio, ma si accorse appena in tempo che in mezzo al campo c'era un cartello che metteva in guardia chiunque vi si fosse addentrato: VIETATO TOCCARE, PERCHÉ POTREBBERO SCOPPIARE.

Febe si domandò a cosa servissero quei frutti impossibili da mangiare ma, spaventata all'idea di romperli, si limitò a contemplarli da lontano. In effetti le sfere fluttuanti erano bellissime, e lei comprese all'improvviso perché la mamma si incantava in continuazione. Angelica era estasiata dai frutti dell'illusione e così, da quando aveva cominciato a coltivarli, il suo sguardo si fermava sempre più spesso a rimirare lo splendore di quel cibo senza sostanza.

La bimba uscì a passi lenti, con il cuore turbato dal mistero delle bolle pesanti. Una strana sensazione la accompagnò per diversi giorni ma, persa nelle preoccupazioni, tardò ad accorgersi che nel prato della sua identità era spuntato un altro arbusto, sul cui fusto compariva la scritta IO DIVENTERÒ BUONA E BRAVA, proprio come voleva la sua mamma.

La piantina richiedeva molte energie e la piccola si mise d'impegno per nutrirla, convinta che, se avesse realizzato l'illusione coltivata dalla madre, i suoi occhi avrebbero cessato di perdersi tra le bolle e avrebbero finalmente guardato lei. Per far crescere l'albero, però, Febe doveva innanzitutto scoprire di cos'era fatta la sostanza «diventare brava». Così, per trovare le risposte che le servivano, ogni volta che riusciva a entrare nella mamma andava al campo delle illusioni, per scrutare con attenzione le bolle della brava bambina in cerca di indizi.

Divenne abilissima nel decifrare messaggi che sembravano quasi invisibili e che la illuminarono su come alimentare la piantina. Giorno dopo giorno il fusto diveniva più robusto e alla fine comparvero i primi germogli, nei quali Febe racchiudeva l'essenza della propria bravura.

Comprese che le lacrime con cui richiamava l'attenzione della mamma non potevano più uscire così copiose. Le raccolse dunque in una gemma, che le avrebbe protette e lasciate andare solo quando la sua custode fosse stata lontana da lei.

La seconda gemma avrebbe contenuto la rabbia, quella che Febe esprimeva quando Angelica dimenticava per troppo tempo di rivolgerle lo sguardo: l'avrebbe nascosta dentro robusti petali per impedirle di balzare fuori.

Poi fiorì la terza gemma, che custodiva gli sforzi e l'impegno che avrebbe messo nel dimostrare alla mamma di essere la più intelligente di tutti.

La nuova pianta, sbocciando rigogliosa, cambiò molto la piccolina rendendola taciturna, docile e seriosa. Febe sentì che la madre si compiaceva di questo cambiamento e rimase in attesa che i suoi sforzi venissero ripagati dagli attenti sguardi della custode, che certamente avrebbe dedicato più tempo a osservare la sua bimba, brava come quella descritta nelle bolle.

Quello che accadde, però, fu molto diverso. La mamma elogiava sì la bambina, riempiendosi gli occhi di una luce che emanava un calore straordinario chiamato orgoglio, ma lo sguardo durava solo qualche istante, troppo poco perché la piccina potesse proseguire il cammino alla scoperta di se stessa: non le restava altro che un lieve bagliore, appena sufficiente a nutrire le piante del suo giardino.

Il cambiamento venne colto anche dal papà che, nel vedere la figlia così diligente e quieta, pensò che la strada dell'agiatezza l'avesse aiutata a estirpare il peso del terribile albero che ogni tanto tornava alla sua mente.

Nei rari momenti che le dedicava, le regalava sguardi appagati ma sempre troppo frettolosi per concedere a Febe il tempo di avanzare nel suo percorso.

La piccola sentiva che la dedizione alle piante dentro di sé, soprattutto all'arbusto IO DIVENTERÒ BUONA E BRAVA, aveva generato qualcosa di bello che aveva cambiato gli occhi dei custodi. Si sentiva spronata a proseguire la coltivazione, ma non era ancora riuscita a ottenere ciò che desiderava di più: il tempo di stare dentro di loro e di raggiungere il luogo nel quale avrebbe potuto trovare la propria unicità.

Febe si convinse di non aver fatto abbastanza e di dover affrontare altre sfide prima di meritarsi la loro attenzione. Armata di questa idea, attese con pazienza il momento in cui avrebbe potuto fare un balzo nei loro sguardi, decisa a trovare qualche stratagemma per potersi trattenere più a lungo.

La mamma e il papà, offuscati dalla maestria con la quale Febe riusciva a gratificarli, non colsero l'inquietudine nascosta nel buio intenso delle sue pupille.

5

La ricerca del tesoro di Febe

La missione della principessa

Il linguaggio del corpo

Il desiderio di scoprire come ottenere la dedizione di mamma e papà divenne ogni giorno più ardente, logorando la piccola a tal punto che il suo corpo lo avvertì e trovò il modo di aiutare Febe nell'impresa. Fu così che, una mattina come tante, la bambina non riuscì ad alzarsi dal letto. La testa pesante non si muoveva dal cuscino e brividi di freddo la attraversavano, spingendola a rannicchiarsi sotto le coperte. Febe chiamò la mamma perché venisse ad aiutarla e Angelica accorse spaventata. Sfiorò la fronte della bimba con le labbra e poi le accarezzò delicatamente il viso, dedicandole gesti per lei insoliti.

«Sei ammalata, hai la febbre molto alta. Non preoccuparti, passerà, mi prenderò io cura di te.» Angelica si affrettò ad annullare ogni impegno per rimanere accanto alla figlia e avvisò Andrea, chiedendogli di tornare a casa quanto prima.

Febe provò uno strano miscuglio di sensazioni che non riuscì a definire. La sua pelle bruciava provocandole dolore ovunque, ma le parole della mamma e il suo sguardo così vigile lenivano la sofferenza come un balsamo.

La madre recuperò rapidamente le medicine e preparò fresche pezze imbevute d'acqua, che adagiava con cura sulla fronte della piccina perché la temperatura si abbassasse. Poi si sedette accanto a lei, le accarezzò la manina e la guardò intimamente, come mai era accaduto prima.

Febe avrebbe tanto voluto approfittare di quel momento per entrare nella mamma, ma la sua custode glielo impedì, chiudendole con dolcezza le palpebre e invitandola a riposare.

Dormì per molte ore e, quando aprì gli occhi, scoprì con stupore che Angelica era rimasta al suo fianco per tutto il tempo, vegliando su di lei. La piccola era incredula e capì che il suo corpo possedeva un linguaggio speciale, che la mamma comprendeva benissimo. La mente aveva provato a richiamare l'attenzione della custode in ogni modo, ma nessuna strategia era stata veramente efficace. Invece il corpo, ammalandosi, aveva trasmesso in modo chiaro il messaggio che la bimba aveva sempre cercato di comunicare alla madre: «Fermati e guardami, ho bisogno di entrare dentro di te.»

La febbre, i brividi e i dolori si erano placati, anche se non del tutto, e il corpo aveva recuperato un po' di forza per consentire a Febe di restare sveglia e godersi finalmente la sua custode.

«Come ti senti, piccola mia?» domandò la mamma.

Febe stava per rispondere «Bene», ma la paura che la madre potesse allontanarsi la bloccò, facendole dire qualcosa di molto lontano dalla verità: «Ho ancora male dappertutto» si lamentò, contorcendosi per rendersi più convincente.

Angelica colse il messaggio e, proprio come la figlia aveva sperato, le rimase accanto sfiorandola con lo sguardo. Febe non perse nemmeno un secondo: si addentrò nella mamma e proseguì nel proprio viaggio, accompagnata da una meravigliosa calma che abitualmente non le era concessa. Avanzò in punta di piedi e si sorprese nel trovarsi davanti una stradina mai vista prima, sulla quale erano stati adagiati sassolini luccicanti che tracciavano un percorso. Febe li seguì, decisa a scoprire dove conducesse quel sentiero così carico di misteri. Prese il primo sassolino e vide che sulla superficie era incisa una scritta: TI VOGLIO BENE.

Le parole sprigionarono una luce così brillante da spazzare

via il buio che spesso oscurava la vita di Febe, quando nei momenti di solitudine si chiedeva: Ma la mia mamma mi vuole bene? Per la piccola fu finalmente tutto chiaro e piena di gioia proseguì il suo percorso, immaginando che Angelica l'avesse cosparso di pensieri stupendi.

Intravide un'altra pietruzza lucente, alla quale si avvicinò con trepidazione. La prese tra le mani e, proprio come aveva sperato, trovò un'altra scritta: TU SEI LA COSA PIÙ IMPORTANTE PER ME. Quelle parole tolsero dal suo cuore l'enorme peso della preoccupazione che da sempre l'attanagliava, e si sentì leggera come una nuvola.

Continuò verso il sasso successivo, che si scorgeva in lontananza. Dovette camminare a lungo perché era più distante, ma finalmente lo trovò e lesse: SEI PROPRIO UNA BRAVA BAMBINA. Questa frase fece sgorgare una delle lacrime nascoste nella gemma creata per non turbare la mamma, ma il sapore del pianto era diverso dal solito: il suo gusto era dolce e così piacevole da togliere l'amaro della tristezza che aveva provato quando temeva di non essere abbastanza brava.

Le parole sulle pietruzze stavano facendo magie dentro di lei e la incoraggiavano a continuare quel percorso ricco di sorprese. Febe scandagliò l'orizzonte per carpire il bagliore dei prossimi sassi, ma i piedi percepirono che la strada stava cambiando pendenza, trasformandosi in una discesa che passo dopo passo si faceva sempre più ripida.

La piccola si muoveva con prudenza per non cadere, con gli occhi bene aperti per scorgere anche il più lieve brillio, quando finalmente vide un nuovo sasso. Pareva meno splendente degli altri ma, avvicinandosi, Febe riuscì a leggere la scritta: HO PAURA DI PERDERTI. Queste parole suscitarono una strana sensazione in lei: sembravano belle, ma celavano qualcosa di oscuro, al punto che il cuore iniziò a balzarle nel petto.

Ma il desiderio di scoprire i pensieri nascosti nelle pietre era più forte, così Febe riprese a camminare lungo una via sempre più stretta e buia. Proprio mentre il sentiero si faceva più cupo, la piccola intravide un altro sasso, ancora più pallido del precedente. Raccogliendolo, lesse la frase: TI PREGO, NON LA-SCIARMI. Ogni parola era come una dolorosa spina che si conficcava nel suo cuore, causandole un'enorme sofferenza.

La bimba fu tentata di tornare indietro, ma con la coda dell'occhio notò un altro flebile bagliore. Dibattendosi tra la curiosità e la paura, raggiunse la pietra e la sollevò con mano tremante, leggendo con gli occhi socchiusi la scritta: PERCHÉ MI HAI ABBANDONATO?

Febe, angosciata e afflitta, si disperò confusamente in preda al dolore, finché non fu attratta da uno strano scintillio in lontananza, proprio verso il fondo della voragine in cui si stava addentrando. Fu allora che un'idea balenò nella sua mente, e la piccola si chiese se quel luccichio potesse essere il tesoro che stava cercando: il volto della sua vera identità.

Parole scolpite nella memoria

Con tutto il coraggio di cui era capace, Febe decise di seguire il brillio e si inoltrò ancor di più nell'anima della madre. A ogni passo, la sua mente fantasticava su ciò che avrebbe scoperto di sé e pregustava il momento in cui avrebbe scovato il segreto della propria unicità ma, mentre assaporava queste incredibili sensazioni, il bagliore prese forma. La piccola credette di aver già visto da qualche parte quella luce. Tutti i suoi pensieri si spensero d'improvviso quando capì che quello che stava seguendo era lo sfavillio di uno sguardo puntato su di lei.

Febe si avvicinò palpitante alla sagoma e ciò che vide le tolse il fiato. Dinanzi a lei, una bellissima bambina con occhi brillanti come stelle e capelli luminosi come fili d'oro la stava osservando in silenzio, con un'intensità che le ricordava qualcosa di familiare. «Sei tu Febe?» chiese allora, in preda alla curiosità.

Ma la bambina rimase muta.

«Sei tu Febe?» ripeté, pensando che non avesse sentito.

Di nuovo nessuna risposta.

«Qual è il tuo nome? Chi sei?» incalzò.

«Non so quale sia il mio nome» disse la piccola con voce sottile. «È da tanto tempo che nessuno mi chiama più.»

Febe sentì una stretta al cuore, perché capì che la bimba che aveva davanti non era lei. Nonostante la grande delusione, decise di svelare il mistero della sua presenza dentro l'anima della mamma. «Perché ti sei nascosta qui?» chiese.

«Non lo so» rispose tristemente l'altra. «Tempo fa qualcuno mi ha abbandonato in questo luogo senza luce e si è dimenticato di me.»

«È terribile!» esclamò Febe. «Cos'hai fatto qui da sola così a lungo?»

«Ho dormito, dimenticandomi anch'io della mia esistenza, finché un giorno è accaduto qualcosa che mi ha fatto risvegliare.»

«Che cosa?»

«Ricordo solo che all'improvviso ho sentito grida fortissime e tutto ha cominciato a tremare. Spinte potenti mi hanno fatto uscire da questo buco e finalmente mi sono trovata fuori dal baratro» spiegò la piccina. «E poi ho iniziato a urlare per chiedere aiuto, ma nessuno sembrava sentirmi.»

«Come mai?» domandò Febe.

«Perché c'era qualcuno, una bambina, credo. Piangeva così forte da coprire il suono della mia voce. E dopo aver girovagato per giorni in attesa di essere ascoltata, un Vento Oscuro mi ha travolto, ricacciandomi di nuovo in questo antro nero.»

Febe si sentiva desolata per quella bimba imprigionata negli abissi della mamma. «Vorrei poterti aiutare» sussurrò, «ma non so come.»

«L'hai appena fatto!» rispose la piccola con un sorriso.

«Davvero?! E come?»

«Oggi c'è stato un altro terremoto che mi ha sbalzato fuori all'improvviso e ho di nuovo gridato aiuto. Anche questa volta le forti lamentele di una bambina hanno coperto la mia voce e nessuno mi ha sentito. A un certo punto è tornato il Vento Oscuro, ma prima che potesse rinchiudermi ho lasciato cadere lungo il sentiero le pietre luminose che conservo da sempre nelle mie tasche. Mi sono ricordata di una favola che mi raccontava sempre la mamma, quella di Pollicino che cospargeva la strada di molliche di pane per segnare il tragitto.»

«La conosco benissimo» la interruppe Febe, «me la racconta sempre anche la mia mamma!»

Le piccole si scambiarono uno sguardo complice.

«Speravo che qualcuno le trovasse e venisse a cercarmi» sorrise la splendida bimba. «E finalmente sei arrivata tu!»

Quelle parole arrivarono dritte al cuore di Febe. Dopo qualche istante di silenzio, con uno strano guizzo negli occhi, esclamò: «Ma certo! Io ti salverò. Questa è la sfida che devo superare se il mio prezioso tesoro voglio trovare.»

La bambina senza nome non capì molto bene cosa intendesse Febe, ma non le importava. Non si sentiva più sola e questo le bastava.

«Ti porterò via di qui» promise Febe, ma proprio in quel momento avvertì che il suo viaggio dentro la mamma stava volgendo al termine. Si avvicinò alla bimba per rassicurarla. «Fra poco dovrò andare, ma non temere: non ti abbandonerò e tornerò il prima possibile.»

«Grazie» mormorò la piccola. «Avrei un'ultima cosa da chiederti, se puoi.»

«Che cosa?»

«Potresti ridarmi i sassolini? Contengono le frasi che io e la mia mamma ci siamo scambiate prima che lei scomparisse. Ho inciso le parole con le mie mani per non dimenticarle, e ogni giorno le ripeto dentro di me per rivivere gli ultimi istanti in cui ho sentito il suo calore.»

Febe annuì e le porse le preziose pietre. La bimba se le fece scivolare delicatamente in tasca e la salutò regalandole uno sguardo pieno di luce, quella della speranza di rivederla al più presto.

La traversata affaticò moltissimo Febe, che sentì la necessità di riposare.

Proprio in quell'istante entrò nella stanza il papà che, con passo felpato, le si avvicinò scrutandola con attenzione. Sul volto della piccola c'erano ancora i segni dell'affanno e lui la accarezzò teneramente.

La sorte volle che, proprio quando la bimba non poteva vedere, Andrea la guardò abbattendo tutti i muri che erigeva quando le palpebre della figlia erano aperte, lasciando finalmente intravedere l'orizzonte nascosto.

La premura del papà non riuscì comunque a calmare Febe, il cui sonno era turbato da continui incubi nei quali riviveva il dolore racchiuso negli occhi della bambina senza nome. Quell'incontro aveva scavato profondamente dentro di lei, gettando un seme che aveva messo subito radici. In una sola notte spuntò un albero portentoso, il più grande di tutti, sul cui tronco era incisa la scritta IO TI SALVERÒ.

La pianta aveva bisogno di spazio per estendere i suoi rami e così il mondo interiore della piccola dovette svilupparsi a dismisura, raggiungendo dimensioni che ricordavano l'anima di un adulto.

Dopo la notte tormentata, Febe si svegliò con la strana sensazione che in lei ci fosse qualcosa di diverso. Guardò il suo corpicino disteso e non notò alcuna differenza rispetto al giorno precedente: le gambe parevano le stesse, così come le braccia e il busto. Nonostante ciò si sentiva più grande, molto più grande della sua età, e anche il suo sguardo aveva cambiato espressione. Non riusciva a spiegarselo e come sempre utilizzò l'intelligenza e la fantasia per trovare una soluzione.

«Ho capito!» esclamò. «Ho sviluppato poteri magici. Il viaggio dentro la mamma è stato così lungo che sono cresciuta in fretta e il mio corpo non è riuscito a seguire la testa!»

L'idea la confortò e tutto le sembrò più chiaro. Quella trasformazione invisibile la faceva sentire importante e ne era talmente fiera da non percepire il dolore di una parte di sé che se ne stava andando, forse per sempre.

Il mutamento di Febe riguardava anche i suoi pensieri, che spesso correvano al ricordo della piccola da salvare. Non vedeva l'ora di rivederla e di portare a termine la sua missione e, poiché il corpo aveva smesso di parlare e di trattenere la sua custode, dovette attendere nuovamente l'arrivo dello sguardo fugace di Angelica.

Quando la sentì abbastanza vicina, Febe la abbracciò con forza, appoggiò il volto sul suo petto e varcò il confine dei suoi occhi. Poi cominciò a correre dentro la sua anima più forte che poteva.

«Bimba!» urlava a squarciagola. «Sto arrivando a prenderti!»

Percorse la strada con incredibile velocità e in un baleno fu da lei. La bambina la accolse con un sorriso che lasciava trapelare la sua gioia.

«Vieni con me, dobbiamo uscire da qui» la incitò Febe.

La piccina la osservava meravigliata. «Sei cambiata, sei cresciuta molto!»

Febe era stupita che la piccola avesse notato ciò che i grandi sembravano non cogliere. «Si vede?»

«Sì, sembri quasi un'adulta.»

«Proprio così» rispose Febe orgogliosa. «Ma ora vieni, non possiamo perdere altro tempo!» Prese la bimba per mano, ma la lasciò andare subito. «Ahia! Le tue dita sono congelate!»

«Scusami» sussurrò l'altra.

Febe le sfiorò con delicatezza le braccia, le guance, persino la pancia: era gelida ovunque. «Come mai sei così fredda?» le domandò.

«Da quando sono qui nessuno mi ha più abbracciato, e il mio corpo diventa ogni giorno più ghiacciato.»

Febe sentì di nuovo la commozione che solo quella piccina riusciva a suscitare in lei. «Ora ti scaldo io» disse caricandosela sulle spalle, divenute finalmente ampie.

La bimba si abbandonò e lungo il cammino le raccontò

cos'avrebbe fatto una volta uscita da lì. «Voglio correre in un prato pieno di fiori. Sono la cosa che amo di più al mondo, perché nulla è altrettanto bello.»

«Allora ti farò conoscere la mia mamma» rispose Febe. «Anche lei li adora, nei fiori c'è qualcosa di magico che la rende felice. E poi? Che altri desideri vorresti realizzare?»

«Voglio giocare, leggere, vedere il mare, conoscere tante amiche e ridere con loro, e poi...»

«E poi?»

«E poi vorrei tanto ritrovare il mio nome, che non riesco più a ricordare.»

«Faremo tutto!» promise Febe, intravedendo la meta. «Ci siamo quasi. Fra poco usciremo e tu sarai salva. Tieniti forte. La mamma sta per chiudere gli occhi e poi saremo fuori da qui.»

La bimba si aggrappò stretta, ma in quel momento il Vento Oscuro soffiò con violenza su di lei e la fece cadere a terra.

«Cosa succede?» gridò Febe.

«È il Vento Oscuro» strillò la piccina. «Non vuole lasciarmi andare!»

Febe non poté fare nulla e ormai era troppo tardi per tornare indietro, ma mentre scivolava via dall'anima di Angelica le urlò: «Non preoccuparti, tornerò!»

La via più breve

Le cose si erano svolte in modo diverso da come Febe aveva immaginato. Un nemico imprevisto l'aveva colta di sorpresa impedendole di liberare la bimba, ma lei si ripromise di portare comunque a termine il compito che le sarebbe valso l'ambito tesoro.

Ogni giorno attendeva lo sguardo della mamma per ricongiungersi con la piccola e tentare di salvarla. Febe provava e riprovava, ma le sue forze dovevano inesorabilmente arrendersi alla potenza del Vento Oscuro.

Durante questo tempo, si impegnava almeno ad alleviare il

dispiacere della piccina. Le teneva compagnia, la stringeva tra le braccia per donarle calore, la faceva ridere quando la tristezza prendeva il sopravvento, la cullava per farla addormentare e, poco prima che si appisolasse, le accarezzava il viso ricordandole quanto fosse bella.

Insieme percorsero ogni via dell'anima della mamma, scoprendo tutte le strade che esistevano dentro di lei. Osservarono le bolle dell'illusione che si sollevavano verso l'alto e si presero cura dei fiori delle delusioni perché potessero ritrovare i loro colori. Corsero, risero e giocarono, e Febe scoprì che la bimba sapeva essere divertente e simpatica quando allontanava le preoccupazioni dalla sua mente.

Anche se non riusciva a portare la piccola fuori da quel luogo buio, Febe continuava a coltivare il suo albero IO TI SALVERÒ, diventato ormai imponente, così come a dedicarsi agli altri arbusti nel giardino della sua anima. IO CURERÒ LE DELUSIONI divenne altissimo e si riempì di foglie e fiori, IO DIVENTERÒ BUONA E BRAVA espanse i suoi bellissimi rami. Anche IO RIUSCIRÒ A RAGGIUNGERTI crebbe, ma non quanto gli altri, poiché il suo sviluppo procedeva più lentamente.

Nonostante le piante fossero sempre più rigogliose, c'era qualcosa che impediva loro di fruttificare. Febe, incapace di spiegarsi questo mistero, si impegnava ancora di più affinché maturassero. Eppure, per quanto facesse, i fiori delle delusioni non ritrovavano il colore perduto, le bolle dell'illusione continuavano a scoppiare, la bimba nascosta non poteva uscire e la vetta del papà rimaneva irraggiungibile.

Il sogno di veder nascere i frutti della sua dedizione accecò la piccola Febe a tal punto che non si accorse del tempo che passava, né di come il suo corpo si stesse trasformando in quello di una giovane donna.

Non si accorse nemmeno che la totale devozione verso i suoi alberi le stava rubando tutte le energie. Neppure i suoi custodi notavano quanto era affaticata; anzi, non smettevano di elogiarla per i sacrifici di cui era capace, ignari di ciò che sarebbe accaduto a causa della loro cecità.

I tronchi nell'anima di Febe erano cresciuti così tanto da invadere ogni angolo con le loro radici, che succhiavano voraci qualsiasi sostanza inaridendo a poco a poco il terreno nel quale affondavano. La ragazza avvertiva sempre più spesso una strana stanchezza che le impediva di impegnarsi come al solito, ma non si voleva ancora fermare. Così fu di nuovo il suo corpo a venirle in aiuto.

In una giornata come tante, il suolo su cui poggiavano gli arbusti cominciò a tremare e Febe percepì un terremoto dentro di sé. Si spaventò a tal punto da sentirsi soffocare. La scossa fu talmente forte che allarmò anche i custodi, obbligandoli a domandarsi cosa stesse accadendo alla figlia.

Il suo corpo aveva trovato il modo di spiegare loro cosa si nascondesse dentro di lei: aveva liberato all'improvviso le lacrime che la ragazza aveva celato nella gemma, aveva lasciato trapelare potenti urla di rabbia racchiuse nei petali; infine aveva fatto cadere i germogli dell'impegno, così da potersi finalmente riposare.

Angelica e Andrea rimasero attoniti di fronte a quella figlia che non riuscivano più a riconoscere. Aveva lanciato loro un messaggio chiaro, affinché potessero entrare e aiutarla a nutrire il terreno ormai privo di sostanza. La mamma e il papà, però, preferirono percorrere la via più breve: annaffiarono le radici degli arbusti con le loro lacrime, poi esortarono la ragazza a riprendere la coltivazione e a deporre un altro seme nel terreno. Quest'ultimo crebbe in pochi istanti dando vita a un piccolo albero, sul cui tronco risaltava la scritta IO NON DARÒ PREOCCUPAZIONI.

La giovane si sentiva turbata per ciò che i genitori avevano scoperto e, anche se tutto quello scompiglio le aveva fatto provare un forte senso di liberazione, implorò il suo corpo di non parlare mai più. Lui le promise che avrebbe fatto il possibile per restare in silenzio e, deluso dalla scarsa efficacia delle sue rivelazioni, si fece perdonare donando a Febe le energie necessarie a far crescere la nuova pianta.

La ragazza cercò di tornare quella di sempre e in breve

riuscì a cancellare la delusione intravista negli occhi dei custodi, che si tranquillizzarono ritrovando la figlia che ben conoscevano.

Ma le scosse non tardarono a ricomparire, e anche se Febe aveva imparato a ingannare i genitori, non poteva ignorare le crepe che si spalancavano nel suolo. Aveva ormai estratto tutta la sostanza dal terreno e non era rimasto più nulla.

La giovane era terrorizzata all'idea di un nuovo crollo, ma il suo corpo, che trovava sempre il modo di venirle in soccorso, fece per lei qualcosa di straordinario: assunse in poco tempo una forma stupenda, capace di attirare molti sguardi nei quali Febe sarebbe potuta entrare per cercare il nutrimento che la mamma e il papà non erano in grado di offrirle.

Il suo aspetto emanava una bellezza che tanti occhi, in particolare di ragazzi, non tardarono a cogliere. Febe, abituata a elemosinare le attenzioni dei custodi, non riusciva a credere che altri le offrissero tanto generosamente i propri sguardi.

La ragazza era grata al suo corpo per il dono che le aveva fatto rendendola tanto attraente, fornendole così un modo semplice e veloce per proseguire il viaggio alla scoperta di sé. Il tesoro che non aveva potuto scovare nei genitori l'avrebbe cercato dentro altre anime, più disponibili e più desiderose di svelarle meraviglie nascoste.

6

Fuga dall'anima dei custodi

Alla disperata ricerca di altri occhi

Il mondo dei sogni

Nonostante Febe desiderasse con tutta se stessa guardare ed essere guardata, era bloccata dal timore che, se qualcuno si fosse avventurato più profondamente in lei, sarebbe rimasto deluso dalle poche piante presenti nel suo giardino. Preferiva così accontentarsi di sguardi fugaci che riuscivano solo a sfiorarla, lasciandole in dono un fiore in segno di ammirazione per la sua bellezza, per poi uscire senza lasciare traccia.

Alcuni fiori avevano colori strepitosi, altri erano più delicati e, anche se duravano molto poco perché non potevano mettere radici dentro di lei, rendevano comunque più profumato il suo mondo. Febe cercava di farsi bastare questi doni come nutrimento, finché non incontrò un ragazzo che insistette per accedere alla sua anima.

Il giovane, che si chiamava Marco, si impegnò molto per farle capire quanto desiderasse esplorare il suo giardino. Anzi, per dimostrarle le sue buone intenzioni, la invitò a entrare prima dentro di lui. Le offrì i suoi occhi, la prese per mano e la accompagnò lungo un sentiero delimitato da pietre con le loro iniziali incise sopra. Sembrava condurre in un mondo fatato, fatto di tramonti romantici e di nuvole sospese nel cielo, cariche di tutti i sogni che avrebbero potuto realizzare insieme.

Febe non aveva mai visto un panorama così dolce e rimase

stupita quando scoprì che Marco aveva già costruito una strada che portava al loro futuro. Immaginò di compiere con lui un viaggio meraviglioso e pensò che, dentro l'anima di quel ragazzo così interessato a lei, avrebbe potuto trovare le parti mancanti della propria identità.

La forza dei suoi desideri e le attenzioni di Marco le diedero il coraggio di accoglierlo e di affrontare il timore di deluderlo. Febe cercò di prepararsi al suo arrivo come meglio poteva: raccolse i fiori più belli e con i petali creò un sentiero soffice, sul quale Marco avrebbe camminato fino a raggiungere il suo giardino.

Tuttavia, quando il ragazzo varcò la soglia, le cose si svolsero in modo diverso da come Febe aveva immaginato. Marco entrò senza badare al sentiero di petali e lo calpestò a passi rapidi, ansioso di arrivare presto. Una volta all'interno, fu contento di vedere alberi tanto belli, e lo fu ancora di più quando scoprì che erano protetti solo da una bassa staccionata.

Marco si complimentò con lei per il rigoglio delle sue piante e Febe si sentì finalmente sollevata; ma invece di nutrire il terreno per rendere più forti gli arbusti, il ragazzo colse i fiori dai rami, rubando tutta la bellezza che gli fu possibile strappare.

La giovane lo lasciò fare senza capire bene cosa stesse succedendo e arrivò persino a pensare che forse, prendendo i suoi fiori, Marco volesse dimostrarle il suo apprezzamento, anche se non riusciva a spiegarsi il dolore provato dalle sue piante ogni volta che una gemma veniva recisa.

Dopo aver raccolto tutti i germogli, il ragazzo uscì con la medesima fretta con cui era entrato. Febe si sentiva confusa e cercò lo sguardo di Marco per comprendere cosa fosse accaduto, ma questa volta fece fatica a trovare un varco. Quando finalmente ci riuscì, rimase disorientata. Il cammino dei loro sogni non c'era più. Dinanzi a lei si apriva solo un grande prato che non conduceva in nessun luogo e tra i fili d'erba, sparsi ovunque, giacevano i fiori che il ragazzo le aveva portato via.

«Ma dove sono finite le nuvole che facevano volare i nostri sogni?» gli chiese sorpresa.

«Non ci sono più» rispose lui distogliendo lo sguardo.

La giovane non riusciva a credere che quello scenario meraviglioso fosse improvvisamente scomparso e cercò di rientrare per farsi dare una spiegazione. S'infilò caparbiamente in una fessura, ma ciò che vide la pietrificò: si ritrovò davanti il mondo fatato, solo che le iniziali incise sulle pietre erano cambiate. La F di Febe era stata sostituita da un'altra lettera.

La ragazza uscì il più in fretta possibile e corse alla ricerca di un luogo dove poter piangere senza essere vista dai suoi custodi. Si tormentava domandandosi dove avesse sbagliato e cosa avesse impedito a Marco di continuare il cammino insieme a lei. Non ci volle molto perché si convincesse che le sue piante non erano abbastanza intriganti, tanto da spingere il ragazzo a cercare giardini più stimolanti.

Le lacrime scesero copiose per molti giorni annaffiando il suolo, dal quale spuntarono sgradevoli erbacce sulle cui foglie compariva la scritta NON SEI ABBASTANZA.

Pericolosa promessa

Dopo l'uscita di Marco dal suo mondo, Febe rimase immobile e isolata per giorni. Le sterpaglie che le ricordavano il suo poco valore si espansero con rapidità, e la fanciulla perse le forze e la voglia di prendersi cura delle sue piante. Persino i custodi, solitamente distratti e immersi nei propri pensieri, notarono che gli occhi della figlia erano spenti e provarono a entrare in lei per aiutarla a ritrovare il suo bagliore.

«Cosa ti succede?» le domandò la mamma, sollevandole il mento e guardandola in cerca di una fessura.

Febe osservava un punto nel vuoto senza proferire parola.

«Io e il papà non ti riconosciamo più. Dov'è finita la nostra brava ragazza piena di luce?»

«C'è solo buio adesso» rispose lei con un filo di voce.

«Perché dici così? Cos'è successo?»

«Ho conosciuto un ragazzo che mi aveva promesso un futuro con lui e ho lasciato che entrasse nella mia anima. Ma si è preso tutto e poi è scappato via. Dentro di me, ora, non è rimasto più niente.»

«Fammi vedere» implorò la mamma.

Febe cedette e aprì a fatica un piccolo varco. La donna si precipitò dentro di lei e raggiunse a rapide falcate il giardino. Rimase muta dinanzi al desolato scenario che le si parò davanti. Le piante un tempo rigogliose adesso apparivano grigie e avvizzite, e terribili erbacce si attorcigliavano attorno a deboli germogli, impedendo loro di sbocciare.

Angelica non sopportava la vista di quel paesaggio straziante, né trovava parole che potessero nutrire il terreno assetato, così scappò via veloce dall'anima della figlia. I suoi occhi cominciarono a traboccare di lacrime. Fu proprio il suono del pianto a scuotere Febe dal suo torpore.

La custode non riusciva a raccontare cosa la tormentasse, così la ragazza dovette inoltrarsi in lei alla ricerca di una spiegazione. All'ingresso la accolse un assordante scoppiettio che proveniva dal campo delle bolle dell'illusione. Qualcosa le aveva toccate e ora stavano esplodendo nel cielo, liberando il loro contenuto. Le più fragorose erano L'UNICA GIOIA CHE AVEVO NON C'È PIÙ e TUTTO QUELLO CHE AVEVA COSTRUITO È DISTRUTTO, poi seguirono COME HA POTUTO MIA FIGLIA FARSI DERUBARE DA UN ESTRANEO e PERCHÉ SONO COSÌ SFORTUNATA.

I frantumi si posavano sui fiori delle delusioni, rendendoli ancora più cupi e dando vita ad altri germogli, che racchiudevano la sua delusione per aver perduto la figlia piena di luce. Profondamente turbata, Febe cercava un modo per impedire alle bolle di scoppiare, quando qualcuno parlò: «Perché mi hai abbandonato anche tu?»

La giovane si bloccò. Conosceva bene quella voce. Si voltò e si trovò davanti la bambina senza nome.

«Perché mi hai abbandonato anche tu?» ripeté.

La ragazza non sapeva cosa rispondere, poteva solo stringere a sé il corpicino congelato della piccola con tutte le sue forze.

«Perdonami» le disse infine. «Un grande dolore mi ha impedito per lungo tempo di muovermi e di raggiungerti. Ma ora sono tornata da te e prima o poi ti salverò.»

La bimba la guardava con sospetto, ma la gioia di rivederla era tale che non ci volle molto prima che si lasciasse andare tra le sue braccia, come faceva nei loro giorni felici. In quel momento il mondo della mamma si calmò: le bolle smisero di esplodere e i fiori delle delusioni diventarono meno tetri.

«Hai visto cos'ho fatto?» chiese la bambina.

«Che cosa?»

«Sono stata io a far scoppiare tutte le bolle, perché volevo che tu mi sentissi e tornassi qui.»

«Non lo devi fare mai più! Me lo devi promettere. Le bolle non si possono toccare» rispose Febe con tono serio.

«Va bene» acconsentì la bimba con un sorriso furbetto. «Se verrai sempre da me, prometto che non le toccherò più.»

«D'accordo» giurò l'altra. In preda alla preoccupazione per quanto accaduto, non si accorse del pericoloso accordo che aveva appena stretto con la piccina.

Dopo essersi accertata che l'anima della custode fosse tranquilla, Febe salutò la bambina e uscì. Si avvicinò alla madre e, mentre le asciugava le lacrime, la rassicurò: «Tornerò la Febe di sempre, mamma. Non preoccuparti.»

«Mi manca la luce dei tuoi occhi» rispose Angelica.

«La rivedrai.»

Andrea rientrò in quel momento e, scorgendo il turbamento sui volti delle due donne, chiese spiegazioni. Angelica raccontò del faticoso viaggio dentro la figlia, di come le sue gambe avessero tremato di fronte al giardino incolto, della fuga precipitosa e della profonda sofferenza che le aveva provocato tante lacrime.

Andrea abbracciò la moglie e poi prese Febe in disparte.

«Non devi dare dispiaceri alla mamma» la rimproverò evitando di incrociare il suo sguardo. «Lei non deve vedere il buio, non riesce a sopportarlo.»

«Non volevo farle del male. Un ragazzo mi ha riempito di promesse e poi mi ha lasciato, e io mi sono sentita svuotata.»

«Non devi più pensare a lui. Torna a prenderti cura dei tuoi alberi» la richiamò il padre con tono grave.

«Ci ho provato, ma non riesco a dimenticarlo» sussurrò Febe.

Lui la guardò intensamente e la invitò a entrare nel suo mondo, a raccogliere qualcosa che possedeva in abbondanza.

La ragazza vide dinanzi a sé una montagna di pietre. «Cosa sono?» chiese.

«Prendi quelle che ti servono e portale nel tuo giardino. Poi strappa le erbacce del tuo prato e nascondile dietro il muro che costruirai con le pietre. Ti servirà per allontanare le cose a cui non vuoi più pensare» precisò Andrea.

Febe ripensò ai muri che aveva incontrato quando si era addentrata nel mondo del padre e comprese che li aveva creati per proteggersi da ciò che non voleva più vedere. Decise di seguire il consiglio nella speranza di trovare un po' di sollievo. Raccolse le pietre, le portò nel proprio giardino, estirpò le sterpaglie e le isolò in un luogo lontano dal suo cuore, poi tornò a dedicarsi alla coltivazione della sua anima. Ripulì il terreno coperto di foglie, fece volare i fiori ormai spenti e ricominciò a prendersi cura degli arbusti.

Febe sembrò finalmente tornare la brava fanciulla di sempre e i suoi occhi recuperarono la luce che tanto mancava ai custodi.

Ragazza invisibile

La rinascita degli arbusti fu piuttosto rapida, perché Febe li nutriva ogni giorno con una linfa miracolosa che aveva scoperto nello strato più profondo del suolo: si chiamava IO CE LA FARÒ. La sua anima traboccava di questa sostanza e le sue giornate erano dedicate a salvare la piccina senza nome, a raggiungere la vetta del papà e ad arrivare alla fine del viaggio dentro i custodi per scoprire le parti mancanti della sua identità. Febe pensava anche che forse un giorno avrebbe trovato qualcuno con cui costruire la strada dei suoi sogni.

Nonostante l'incredibile forza della linfa, sfide inattese rallentarono di nuovo il percorso. Ai custodi stava accadendo qualcosa che impediva loro di guardare la figlia, privandola del tutto della possibilità di entrare. Il padre era sempre meno presente: nei pochi momenti in cui era a casa, Febe non riusciva nemmeno a incrociare i suoi occhi, che parevano persi nel nulla o concentrati su una presenza misteriosa. Oltre alla vista offuscata, il padre sembrava non notare neanche le strategie usate dalla figlia per richiamarlo a sé.

Anche la mamma se ne accorse e cercò ripetutamente di entrare negli occhi del marito, senza tuttavia trovare una fessura per scoprire cosa stesse guardando. Angelica, che non poteva tollerare sguardi oscuri, cercò sempre più insistentemente un varco per oltrepassare la barriera della sua anima.

Febe si ritrovò ancora più sola, perché anche quando tentava di infilarsi dentro la madre veniva respinta, come se Angelica non potesse distogliere la sua attenzione dal marito nemmeno per un secondo. La ragazza provò a richiamare i suoi custodi con ogni mezzo, ma nulla sembrava distrarli da ciò che li ossessionava.

La mamma parlava in continuazione di un nuovo muro all'ingresso del mondo di Andrea, che non le permetteva di entrare. Il papà, dal canto suo, ne negava l'esistenza e pietra dopo pietra lo innalzava sempre di più, a tal punto che Febe, un giorno in cui riuscì a sgusciare dentro di lui, non poté scorgere la solita vetta.

La speranza di continuare il viaggio nella mamma e nel papà cominciò a vacillare e con essa la forza che consentiva alle sue piante di crescere. La giovane non sapeva più dove trovare la linfa necessaria per il giardino e, com'era già accaduto in passato, il corpo usò il proprio linguaggio per segnalare il bisogno di nutrimento. L'effetto che ottenne, però, fu l'opposto di quello sperato.

Il fisico di Febe divenne così sottile e impalpabile che i genitori, troppo distratti dai loro tormenti, finirono per non vederla più, come se la ragazza fosse diventata invisibile.

Questa volta persino il corpo dovette arrendersi dinanzi alla cecità dei custodi, ormai incapaci di comprendere i segnali che mandava. Si adoperò allora per aiutare la fanciulla, sempre più debole e stanca, a recuperare la forza necessaria per cercare il cibo per l'anima e per trovare altri occhi nei quali tuffarsi per scoprire il suo tesoro.

7

La principessa incontra Narciso

La maledizione della perfezione

Mia Principessa

Febe partì animata dal desiderio di incontrare qualcuno che fosse capace di nutrire il terreno assetato della sua anima, ma la debolezza del corpo rendeva il suo incedere lento e incerto. La fame, che si era protratta per troppo tempo, le offuscava la vista a tal punto che faticava persino a scorgere occhi desiderosi di entrare in lei.

Eppure, un giorno vide avvicinarsi qualcosa di sfavillante. Riconobbe, a poco a poco, le fattezze di un volto smagliante che la abbagliò con il suo splendore, lasciandola senza parole. Davanti a lei comparve un ragazzo meraviglioso che le domandò con disinvoltura: «Dove stai andando, mia Principessa?»

Quell'incredibile parola, «Principessa», le penetrò nel profondo provocando un tumulto. Sbalordita, Febe non riusciva ad aprire bocca, ma il giovane non si spazientì.

«La bellezza dei tuoi occhi mi ha chiamato a te» le disse, sfoggiando un sorriso intrigante.

Il mondo della ragazza ricominciò a tremare mentre quella frase accarezzava le radici dei suoi arbusti, che finalmente ripresero a bere.

«Sono lusingata» rispose alla fine Febe. Le guance si fecero rosse, segnalando la voglia di ricevere altre attenzioni.

«Non avevo mai visto alberi con rami tanto robusti e fiori rosa così delicati» proseguì lui, assecondando il suo desiderio.

Febe restò sconcertata: il ragazzo era talmente bravo che poteva guardare il suo giardino senza nemmeno oltrepassare la soglia del suo mondo.

«Come hai fatto a vedere i miei fiori?» domandò.

«Mi è bastata un'occhiata veloce per cogliere lo splendore della tua anima» rispose lui suadente.

Febe si sentì rigenerata da tanta linfa e, immensamente grata, spalancò il suo sguardo invitandolo a entrare. Lui avanzò sicuro, come se conoscesse già la strada per arrivare al suo giardino. Mentre camminava non dimenticava di annaffiare il suolo con gentili lusinghe, rendendo la terra fertile per ciò che intendeva coltivare. Giunto dinanzi alle piante, si prodigò in elogi così portentosi da far subito spuntare nuovi germogli, e si compiacque quando lesse le frasi incise sui tronchi, che raccontavano di quanto la ragazza fosse buona e brava, obbediente e dedita alla cura dell'altro.

«Eri proprio tu la donna che stavo cercando» esclamò soddisfatto del proprio intuito che, come sempre, l'aveva guidato verso la linfa di cui aveva bisogno.

A lei non sembrava vero che quel ragazzo favoloso fosse tanto entusiasta del suo giardino, né riusciva a capacitarsi di quanto fossero nutrienti le sostanze che dava ai suoi arbusti, già sul punto di sbocciare. Si sentì privilegiata e per ripagarlo si offrì di condurlo in qualunque angolo lui desiderasse. Proprio mentre stava per accompagnarlo nelle parti più remote di sé, il giovane la interruppe bruscamente: «Non mi serve guardare altro, ho già visto tutto ciò che volevo.»

Febe trovò strano che non fosse curioso di scoprire altre parti della sua anima, ma si cullò nell'idea che la prima parte del giardino l'avesse appagato e che presto avrebbero avuto altre occasioni per conoscersi meglio.

«Ci vediamo domani, mia Principessa» la salutò il ragazzo, camminando spedito verso l'uscita.

«Vorrei che fosse già domani» replicò Febe, che non aveva

mai avuto occhi tanto pieni di luce. Prima che potesse andarsene, gli domandò: «Come ti chiami? Non ci siamo detti i nostri nomi!»

«Mi chiamo Flavio» rispose lui, sul punto di riprendere la propria strada.

«Il mio nome invece è Febe» gridò la fanciulla, per essere certa che lui la sentisse.

«Lo so già» la stupì lui con un sorriso compiaciuto. «L'avevo letto nel bagliore del tuo sguardo.» Le lanciò un'ultima occhiata e sparì all'orizzonte.

Narciso

Febe rimase ferma sul ciglio della strada, con gli occhi fissi nella direzione in cui si era dileguato il ragazzo misterioso. Desiderosa di rivederlo, restava vigile e pronta a cogliere qualsiasi segnale del suo ritorno, ripetendo dentro di sé «Principessa» e «Flavio» come se fossero parole magiche. «Principessa» le accarezzava l'anima e aveva il potere di farla sbocciare ogni volta che la rievocava, mentre «Flavio» la riportava all'incontro straordinario con una persona che era stata capace di farla sentire speciale.

Pronunciare «Flavio» le piaceva moltissimo. Lo faceva in continuazione per riempire il vuoto della sua mancanza. Si incantava a chiedersi come mai i suoi custodi avessero scelto un nome che significava «biondo di capelli» per lui che aveva la chioma nero corvino e gli occhi scuri come la notte. Questo enigma lo rendeva ancora più intrigante, stimolando la sua curiosità.

Sospesa in un tempo che sembrava infinito, la ragazza non chiuse occhio nemmeno un istante, timorosa di perdere il momento nel quale lui sarebbe ricomparso. Finalmente la sua pazienza fu premiata e in lontananza riconobbe lo scintillio della sua figura.

«Sei ancora più bella di come ti ricordavo, mia Principessa» sussurrò Flavio facendola ammutolire.

Febe spalancò le palpebre per lo stupore, invitando il ragazzo a entrare nel suo mondo. Flavio non esitò a nutrire il terreno con sapienti elogi, come aveva già fatto in precedenza, e notò soddisfatto che le sue parole avevano già attecchito, facendo spuntare altre gemme su ogni arbusto.

Gli incontri si ripeterono per diversi giorni. Febe si rifocillò di sostanze straordinarie mai ricevute prima di allora. Beveva dalla sua voce, dai suoi sguardi, dai suoi gesti, e i suoi occhi non vedevano che lui, ciechi a qualsiasi distrazione potesse offrire il mondo esterno.

La ragazza non si era mai sentita così florida e nutrita grazie alla linfa che Flavio le offriva in abbondanza, e cominciò a credere di aver finalmente trovato la persona che l'avrebbe aiutata a scoprire la propria identità.

Il ragazzo si impegnò ad alimentare il suo giardino con irresistibili adulazioni, finché fu certo che Febe non attendesse altri che lui per continuare a germogliare. In quel momento, guardò un'ultima volta le portentose piante che era riuscito a far fiorire e, rimirando lo splendido lavoro compiuto, le disse: «Seguimi. Ora ti condurrò nel posto più bello che tu abbia mai visto.»

La fanciulla prese la sua mano. «Dove mi stai portando?»

«Adesso sei pronta per entrare nel mio mondo» rispose Flavio con il solito sorriso.

Da tempo lei non aspettava altro e si sentì onorata dell'invito. Flavio la accompagnò sulla soglia della propria anima, tenendole le mani sugli occhi per accrescere l'attesa, e poi, con voce suadente, le bisbigliò all'orecchio: «Ora puoi guardare.»

Febe, che fremeva per l'emozione, si riempì di sconfinata meraviglia. Le apparve un mondo così incantevole da sembrare quasi irreale: davanti a lei si estendevano immensi giardini curati in ogni particolare e piante maestose si ergevano talmente alte da non riuscire nemmeno a scorgerne la cima. Siepi verdissime delimitavano il confine, mantenendo l'ordine e la pulizia, e ogni arbusto protendeva i rami dritti e senza imperfezioni. Strade imponenti fiancheggiavano i giardini per poi perdersi all'orizzonte, dove si intravedevano vette così elevate da sembrare irraggiungibili.

«Non avevo mai visto un'anima tanto sorprendente» esclamò Febe estasiata.

Desiderosa di esplorare quel mondo impeccabile, supplicò Flavio di guidarla alla scoperta di ogni giardino. Il ragazzo la prese prontamente per mano. Il primo sentiero li condusse vicino all'ingresso. «Questo è il prato della mia intelligenza, ed è così vasto perché lo coltivo fin da quando ero bambino» le spiegò lui.

«È straordinario!» rispose Febe mentre osservava le cifre che spiccavano su ogni foglia. «Cosa sono questi numeri?»

«Sono i voti che mi hanno donato le persone che ho incontrato» rispose Flavio orgoglioso. «Restano impressi sulle chiome perché chiunque possa vederli.»

«Sono tutti bellissimi» si complimentò lei. Allungò la mano per leggere più chiaramente ma, non appena sfiorò il ramo, venne fermata dalla voce severa del ragazzo: «Non devi toccare!»

Febe si ritrasse subito, temendo di aver rotto qualcosa.

«Non devi toccare niente nella mia anima, perché potresti rovinarla» la rimproverò. «Puoi solo guardare!»

La ragazza si dispiacque all'idea di aver turbato Flavio.

«Scusami tanto. Non succederà più» promise.

Flavio si tranquillizzò e la invitò a proseguire. Il secondo giardino era altrettanto stupefacente, delimitato da arbusti ricchi di gemme colorate che emanavano un profumo irresistibile.

«Questo è il prato della mia bellezza e fin da piccolo le persone mi chiedevano di poterlo guardare per riempirsi gli occhi di splendore» le disse soddisfatto.

Anche gli occhi di Febe rimasero incantati e distolse a malincuore lo sguardo quando Flavio le propose di riprendere il cammino.

Approdarono nel giardino della perfezione, nel quale ogni cosa era esemplare e, mentre lo oltrepassavano ammirando le forme di ogni pianta, Flavio raccontò di come avesse affinato l'arte di estirpare i fiori che presentassero anche il minimo difetto.

Entrarono poi nel parco delle sfide, colmo di arbusti che spiccavano superbi dal terreno.

«Cosa c'è scritto sui tronchi?» domandò Febe.

«Le frasi ricordano le vittorie che ho ottenuto superando le prove più difficili» rispose Flavio compiaciuto.

In un campo poco distante svettava un albero imponente. Era gigantesco e i rami si protendevano magnifici verso l'alto, proiettando una piacevole ombra.

«È l'albero più grande che abbia mai visto!» esclamò Febe.

«Questo è l'albero sovrano» annuì Flavio. «La mia custode l'ha coltivato dentro di me per ricordarmi che io sono al di sopra di tutti.»

La ragazza ascoltava estasiata, ma proprio mentre si dirigeva alla scoperta di altre meraviglie si accorse che la strada, fino ad allora ampia e pianeggiante, diventava via via più stretta, ripida e ghiaiosa.

«Come mai il cammino della tua anima si è trasformato?»

«Questo è il sentiero che porta alle vette del successo» rispose Flavio. «Ci vuole molta tenacia per raggiungere l'apice e solo io sono dotato della forza necessaria per riuscirci.»

«Se vuoi posso accompagnarti» propose lei. «Mi alleno da tempo per scalare l'altura che ho trovato in mio padre, e non temo la fatica.»

«Non puoi farcela» rispose seccamente Flavio. Febe si rincrebbe di averlo nuovamente infastidito. «Mia Principessa, non voglio che tu faccia sforzi» aggiunse lui con voce più dolce. «Preferisco che resti qui a riposarti e a contemplare i miei giardini.»

«Ti ringrazio» gli sorrise lei. «Sei unico, non avevo mai visto un'anima così speciale.»

Le parole e l'ammirazione nei suoi occhi si posarono sul terreno di Flavio, dando vita a uno spettacolo inaspettato. Una moltitudine di fiori radiosi cominciò a fluttuare nella sua anima, inondando di luce ogni angolo.

Attratta da quel bagliore, la ragazza si avvicinò per guardare meglio. «Che bel colore! E che profumo irresistibile.»

«Lo so» rispose Flavio. «È il fiore preferito della mia custode, l'ha seminato ovunque dentro di me.»

«Che dono meraviglioso!»

«Quando sono nato» proseguì lui, «mia madre ha espresso il desiderio che io diventassi magnifico come questo fiore.»

«Che cosa lo rende tanto eccezionale?» domandò Febe.

«Non teme il freddo e riesce a germogliare anche senza calore. La sua fragranza è talmente inebriante da sconcertare chiunque si avvicini per annusarla. La sua forma delicata lo rende elegante e il suo colore luminoso come il sole può nascondere il buio.»

«Ti somiglia molto» rispose la ragazza affascinata.

«Questo fiore però cela un segreto» l'avvertì Flavio.

«Di quale segreto parli?»

«Il bulbo e le foglie contengono un veleno pericoloso. Non lo si deve mai toccare, possiamo solo ammirare la sua bellezza da lontano.»

«Che sorte infelice... Ma anche se siete simili, questo non sarà il tuo destino.»

Flavio non rispose e si chiuse in un misterioso silenzio.

«Come si chiama?» insistette lei.

«Narciso.»

Un sonno profondo

La meraviglia del mondo di Flavio invitava a restare e Febe non aveva alcuna voglia di tornare nella propria anima per occuparsi del giardino. Adorava rimirare gli arbusti perfetti di Flavio e passeggiare con lui tra i magnifici parchi. Il tempo che trascorrevano insieme, però, diminuiva ogni giorno, perché prati così impeccabili richiedevano una dedizione costante.

Febe, che non aveva il permesso di aiutarlo, rimase sorpresa quando scoprì quanta cura fosse necessaria. Il giardino dell'intelligenza esigeva sempre voti altissimi per crescere e, non appena sulle foglie si posava un numero leggermente inferiore, le piante deperivano facendo cadere le altre foglie a terra. Il prato della bellezza doveva essere concimato di attenzioni per mantenere colori e profumi vividi, e il giardino della perfezione imponeva una potatura quotidiana per eliminare eventuali difetti.

Ma questo era nulla in confronto al parco delle sfide, che si alimentava di trionfi continui poiché gli arbusti delle vittorie appassivano con impressionante velocità. L'albero sovrano assorbiva ininterrottamente una sostanza chiamata superbia, che veniva rilasciata dal terreno solo se il ragazzo dimostrava di essere all'altezza di soddisfare le necessità di ogni prato.

Terminata la cura dei giardini, con le poche energie rimaste Flavio si allenava per affrontare le aspre vette del successo. A fine giornata, dopo aver svolto scrupolosamente i suoi compiti, si concedeva di fermarsi e chiamava Febe al suo fianco per farle ammirare le sue grandi imprese.

Appena gli occhi della fanciulla cominciavano a contemplare con adorazione il suo magnifico mondo, i narcisi iniziavano a danzare spandendo un profumo che spazzava via la fatica dall'anima di Flavio.

«Vorrei poterti aiutare per alleviare le tue fatiche» ripeteva spesso la ragazza, desiderosa sia di alleggerire le sue giornate sia di trascorrere più tempo insieme a lui.

«Lo fai già» le rispondeva Flavio ogni volta. «Io non ho bisogno di qualcuno che coltivi con me il mio mondo, ma solo di qualcuno capace di guardarmi con occhi pieni di luce. Per questo fra molte fanciulle ho scelto proprio te.»

Queste parole placavano Febe quando il suo terreno diventava arido e reclamava attenzioni. Ma il ragazzo trovava puntualmente il modo di trattenerla, mettendo a tacere la preoccupazione per il suo giardino a suon di adulazioni.

Ogni giornata trascorreva uguale alle altre e la fanciulla occupava il suo tempo osservando le gesta di Flavio, in attesa che potesse dedicarsi a lei. Quando era troppo stanco per donarle la linfa diventata ormai vitale, riusciva comunque a nutrirla con una sostanza fatta di promesse su ciò che avrebbero realizzato insieme.

Un giorno, però, accadde qualcosa che Febe non avrebbe mai immaginato. Flavio si stava occupando dei suoi giardini come al solito quando inaspettatamente, mentre si trovava nel parco delle sfide, gli capitò di mancare un importante traguardo. Gli arbusti delle vittorie appassirono all'istante, le foglie nel giardino dell'intelligenza caddero a terra, nel prato della bellezza i colori dei petali si spensero, nel giardino della perfezione spuntarono erbacce e l'albero sovrano si rimpicciolì, assumendo le dimensioni di un'insignificante piantina.

Lo sguardo di Febe, colmo di preoccupazione, smise di emettere luce e subito i narcisi si afflosciarono.

«Cosa succede?» gridò atterrita.

«Chiudi gli occhi!» le intimò Flavio con voce spezzata. «Non devi guardare o farai morire il mio mondo!»

«Non preoccuparti, farò come mi hai chiesto» rispose lei. Serrò le palpebre, ma non resistette alla tentazione di lasciare un occhio socchiuso per sbirciare.

«Riaprili solo quando te lo ordinerò io!» si raccomandò il giovane. Certo che la fanciulla avrebbe obbedito, si lasciò cadere a terra privo di forze e si abbandonò a un sonno profondo.

Quando Febe lo vide crollare si precipitò verso di lui per aiutarlo, ma Flavio pareva non sentire i suoi richiami. Sembrava quasi che sul prato fosse rimasta una sagoma senza vita e che lui fosse volato altrove, in un posto che lei non sapeva come raggiungere.

Decisa a comprendere dove fosse finito, Febe perlustrò con attenzione il suo mondo alla ricerca di un segno che la portasse da lui. Girovagò a lungo tra i prati, che stentava a riconoscere così cupi e imperfetti, e scrutò in ogni angolo, inutilmente. Non c'erano indizi, strade alternative o tracce del suo incredibile, brillante ragazzo.

Esausta e scoraggiata, la fanciulla si sedette contro una delle siepi per riposare un po'. A contatto con le foglie, avvertì la presenza di una superficie dura e fredda ben nascosta dai rametti. Si voltò e infilò la mano tra i fitti cespugli del sempreverde, arrivando a toccare un muro.

Incredula, si precipitò verso un'altra siepe e poi un'altra ancora: tutte celavano la stessa barriera. Capì così che il mondo di Flavio era delimitato da una cinta di mattoni invisibile.

Un mondo a rovescio

Febe rimase a lungo incerta sul da farsi; non sapeva come spiegarsi la sua scoperta e lo scopo di quel misterioso muro. Ma alla fine prevalse il disperato desiderio di capire dove fosse Flavio: accantonò i dubbi, si fece coraggio e decise che era arrivato il momento di superare quell'ostacolo.

Con la sola forza delle braccia e delle gambe, tentò la scalata. I ramoscelli sottili si spezzavano in continuazione facendola ruzzolare a terra, quasi volessero impedirle di oltrepassare la parete protettiva, ma la fanciulla proseguì determinata e si arrampicò ogni volta con maggiore slancio, individuando via via i rami più robusti sui quali poggiare.

L'ascesa giunse finalmente al termine e, quando la ragazza toccò la cima del muro, usò le sue ultime forze per darsi la spinta e salire sul punto più alto. Il suo sguardo si tuffò verso l'orizzonte, deciso a scandagliare quella parte del mondo a lei sconosciuta, ma poteva immaginare lo scenario spaventoso che l'aspettava.

Le apparve davanti una distesa desolata, immersa nel freddo e nell'oscurità, nella quale c'erano solo giardini incolti avvolti dalla penombra.

Nonostante il paesaggio fosse così inospitale, Febe era pronta a tutto pur di ritrovare Flavio. Scese con cautela dall'altra parte del muro e si incamminò lentamente in quella terra senza colori.

Ci volle un po' di tempo prima che la sua vista riuscisse a cogliere più nitidamente le peculiarità del luogo. Il primo prato in cui incappò, sito all'ingresso del mondo buio, era colmo di arbusti dal tronco fragile, da cui scendeva una strana resina simile a lacrime. Dai rami pendevano foglie dalle tinte cupe, ciascuna delle quali aveva inciso un numero molto basso. Su una pietra vicino alle radici era scolpita la scritta QUESTO È IL GIARDINO DELLA VERGOGNA.

Febe proseguì, sempre più turbata, e raggiunse un prato con alberi spaventosi coperti di foglie accartocciate, fiori appassiti e frutti in decomposizione che emanavano un odore sgradevole. Sui fusti delle piante moribonde si intravedevano le parole QUESTO È IL GIARDINO DELLA BELLEZZA SFIORITA.

La fanciulla si sentì invadere da una sensazione inquietante e avanzò intuendo ciò che avrebbe incontrato. I suoi presagi si concretizzarono quando trovò di fronte a sé il prato dell'imperfezione, un vasto campo trascurato invaso dalle erbacce.

Poi fu la volta del parco delle sconfitte, punteggiato di piantine che chinavano la testa verso il terreno arido e sassoso. Su ogni pietra disposta accanto agli alberelli, una frase ricordava perdite, fallimenti e mancati trionfi.

Febe leggeva attonita quelle parole, pesanti come gli stessi macigni sui quali erano state incise, e mentre si domandava chi mai avesse potuto essere tanto crudele da sceglierle, la sua attenzione fu catturata da uno strano rumore poco distante.

Riprese l'esplorazione, lasciandosi guidare da quel suono che le pareva familiare, come qualcosa che aveva già sentito molte volte. Mentre avanzava, il brusio confuso si faceva sempre più chiaro e la fanciulla distinse una voce che ripeteva una cantilena con tono straziante.

Lungo il percorso, si trovò davanti una collinetta sulla quale spiccava una pianta spoglia e sciupata, sovrastata da un masso con la scritta NON VALI NULLA, CHIUNQUE È MIGLIORE DI TE.

La voce intanto si faceva sempre più forte e incalzante. Via via che Febe si avvicinava, iniziò a riconoscere un disperato grido di aiuto. Finalmente in lontananza intravide una sagoma sdraiata nella penombra e si precipitò in quella direzione.

«Sto arrivando, non preoccuparti!» la rassicurò.

La figura accasciata a terra si alzò lesta e fece per lanciarsi negli abissi che le si spalancavano davanti. Febe riuscì a trattenerla per un lembo del vestito appena in tempo.

«Cosa stai facendo? Non scappare!» disse preoccupata. Con delicatezza, fece girare la sagoma su se stessa per vederne il volto e rimase sconvolta. Si trattava di un bambino, un meraviglioso bambino con i capelli corvini e gli occhi scuri come la notte. Le lacrime li rendevano ancora più profondi.

«Chi sei?» domandò la ragazza mentre cercava di calmarlo.

«Mi chiamo Flavio» rispose il piccino.

Febe rimase esterrefatta. Com'era possibile? Cosa stava succedendo?

«Perché ti trovi qui?» gli chiese.

«Abito qui da sempre.»

«Perché volevi buttarti?»

«Mi stavo lanciando negli abissi dell'inferiorità» spiegò lui, trattenendo gli ultimi singhiozzi. «Quando guardo i miei giardini brutti e sciupati mi sento indegno e vorrei scomparire. Così mi avvicino al vuoto della mia anima e cerco di tuffarmi nel baratro che vedo davanti a me. Però ho troppa paura e non riesco mai a trovare il coraggio di fare il salto.»

Febe non poteva credere che un bimbo così splendido volesse farsi del male. Lo strinse a sé di slancio, come per impedirgli di buttarsi, e sentì che il suo corpicino era congelato. Le sue membra senza calore risvegliarono in lei il ricordo della piccina che abitava dentro Angelica, la bimba senza nome che non era riuscita a salvare. Questo bambino però l'avrebbe salvato, a qualunque costo.

«Ti porterò via da questo posto terribile» gli promise solennemente.

Il piccolo Flavio cominciò a tremare: «Ma io non posso andare via da qui!»

«Perché non puoi? Questo non è un luogo adatto per un bambino!»

Il bimbo abbassò lo sguardo. «Lei mi ha portato qui e mi ha

detto di non uscire, perché fuori c'è un mondo troppo pericoloso per me.»

«Chi ti ha detto queste cose? A quali pericoli ti riferisci?»

«Un giorno lei mi ha portato in questo posto e mi ha spiegato che sarei dovuto restare qui nascosto perché, se qualcuno mi avesse trovato, mi avrebbe fatto del male. Ricordo ancora le sue parole precise: "Se il mondo scopre che non sei capace di coltivare giardini perfetti, per te sarà la fine. In questo luogo buio nessuno potrà vederti."»

«E ti ha lasciato qui da solo?» insistette Febe.

«Ha promesso che tornerà a prendermi quando sarò diventato un bravo bambino, in grado di creare giardini perfetti. Perciò, vedi, non posso andarmene: devo restare qui ad aspettare che lei torni da me.»

«Ma chi è lei?» domandò la ragazza, sempre più confusa.

Il piccolo tentò di rispondere, ma non fece in tempo perché fu improvvisamente colto da uno strano torpore, che lo fece scivolare tra le braccia di Febe. Lei lo aiutò a sdraiarsi e rimase a vegliare sul suo sonno, mentre i pensieri si affastellavano nella sua mente. Aveva scoperto che, dietro invisibili mura, il suo magnifico ragazzo celava un mondo a rovescio, nel quale si nascondeva un piccolo Flavio convinto di dover rimanere nel buio.

Non avrebbe abbandonato il bambino in quel luogo terribile, questo era certo, ma per capire come salvarlo doveva rintracciare l'altro Flavio e raccontargli ciò che aveva scoperto. Appoggiò la testa del piccolo su una zolla soffice, gli accarezzò i capelli e prima di partire lo salutò con una promessa: «Non preoccuparti, scoprirò l'identità di chi ti ha fatto prigioniero in questo orribile mondo e ti libererò.»

La maledizione

Febe intraprese la via del ritorno, sperando di trovare Flavio desto e pronto ad ascoltare le sue rivelazioni. Scavalcò velocemente il muro aggrappandosi ai rami d'edera e, giunta in cima, le si riempirono gli occhi di gioia quando scorse che quella parte di mondo era tornata luminosa e colorata. In lontananza intravide Flavio, vigile e impegnato a potare il suo giardino della perfezione.

«Ehi!» urlò la ragazza con entusiasmo. Scese dalla cinta con un balzo e fu da lui in un baleno. «Stai bene? Cosa ti è successo? Dov'eri finito?»

«Cosa stai dicendo?» rispose lui infastidito. «Io sto benissimo e non sono andato da nessuna parte.»

«Ma come? Sei crollato a terra e non riuscivi più a svegliarti» ribatté lei. «Ho girato ovunque nella tua anima per cercarti...»

«Ti stai sbagliando! Io non crollo mai. Sarai tu, piuttosto, a sentirti male!»

«Credimi, tu sei caduto in un sonno profondo, io sono andata a cercarti e ho scoperto una cosa terribile.»

«E cosa avresti scoperto?»

«Che le siepi nascondono un muro.»

«Nella mia anima non esistono muri!» si irrigidì lui.

«I muri esistono eccome, e celano un mondo buio che è tutto l'opposto di questo... E la cosa più terribile è che qualcuno ha rinchiuso lì dentro un bambino» spiegò Febe accorata.

«Adesso basta! Non esiste nessun altro mondo e nessun bambino. Se continui con queste stupidaggini, ti caccerò e non ti farò tornare mai più!»

La ragazza non riusciva a spiegarsi perché Flavio fosse così adirato e non volesse crederle, né come avesse potuto dimenticarsi del proprio crollo. Intuiva però che, se avesse insistito, avrebbe rischiato di perderlo.

Non parlare del bambino dentro di lui la rendeva inquieta e confusa. Si arrovellava cercando un modo per riprendere l'argomento, quando Flavio l'apostrofò bruscamente: «Queste tue strane visioni mi preoccupano. Spero che non si ripetano più, altrimenti sarò costretto a trovare una principessa con una vista migliore della tua.»

Febe sentì immediatamente che una dolorosa crepa si

apriva nel terreno della sua anima, così abituata a nutrirsi dei complimenti elargiti dal ragazzo. Impaurita all'idea di inaridire il proprio giardino, che ormai viveva solo del nutrimento di Flavio, decise che non avrebbe mai più menzionato né il muro né il bambino e, pur di rendersi credibile, preferì scusarsi per aver inventato quella storia.

Scelse di continuare la propria vita dentro il mondo di Flavio come se nulla fosse accaduto. Ogni giorno osservava le gesta del ragazzo, facendo brillare i narcisi con la luce della sua ammirazione, poi attendeva che lui la raggiungesse per costruire il cammino della loro vita insieme.

A volte Febe si incupiva pensando al bimbo nascosto oltre il muro, ma quando accadeva stava ben attenta a non farsi scoprire, timorosa che il suo sguardo spento potesse indurre il giovane a cercare una principessa dagli occhi più luminosi. Ormai la certezza con cui Flavio aveva negato l'esistenza di un altro mondo la faceva vacillare, portandola a dubitare di ciò che aveva visto. Arrivò quasi a credere di essersi immaginata tutto, quando accadde qualcosa che diradò la nebbia dei suoi pensieri.

Mentre lo guardava adorante in una giornata come tante altre, successe che Flavio, un po' più stanco del solito, tagliò male una pianta rovinandone la forma. In quell'istante il suolo cominciò a tremare, i fiori persero i colori, i rami degli alberi si sfrondarono e il ragazzo crollò a terra, abbandonandosi a quel sonno profondo che lo rendeva irraggiungibile.

Gli eventi si erano ripetuti esattamente come la volta precedente e Febe capì di non essersi inventata nulla. Andò spedita verso la siepe, si arrampicò sul muro e tornò nel mondo a rovescio alla ricerca del bambino. Corse a più non posso per raggiungerlo e lo trovò di nuovo dinanzi agli abissi dell'inferiorità, mentre tentava di farsi coraggio per saltare nel vuoto. Ancora una volta lo trattenne e lo strinse al petto per calmarlo e scaldare il suo corpicino gelato.

«Non devi farlo mai più!» disse Febe angosciata. «Non devi buttarti.»

«Non mi merito di stare qui perché non riesco a diventare bravo, non riesco a creare giardini perfetti come lei mi ha chiesto» rispose il piccolo.

«Ma i bambini non possono coltivare giardini perfetti, è un compito troppo difficile!»

Il bimbo scuoteva la testa, come se quelle parole non potessero convincerlo. «Devo riuscirci, altrimenti lei non tornerà da me...»

Febe sentiva la disperazione del piccolo, in attesa di qualcuno che forse non sarebbe mai arrivato.

«Chi è lei? Chi ti ha fatto questa promessa?» gli chiese con tutta la dolcezza possibile.

Ma di nuovo, mentre il bimbo era in procinto di svelare il segreto, un torpore improvviso piombò su di lui impedendogli di parlare.

Ora la ragazza non aveva più dubbi su ciò che aveva visto. Tornò al mondo perfetto, certa che avrebbe trovato Flavio sveglio e intento a curare i suoi prati. Questa volta era determinata a farsi ascoltare.

Come si aspettava, i giardini erano tornati impeccabili, ricolmi di colori e profumi, rigogliosi grazie alla sapiente opera del ragazzo, che si era rialzato come se nulla fosse.

Febe gli si avvicinò e pretese la sua attenzione: «Devi ascoltarmi. Oltre le siepi esiste un luogo nel quale vive un bambino che ti somiglia molto. Qualcuno lo ha convinto a restare in quel posto buio.»

«Ancora con questa storia! Smettila!» gridò lui furente.

«Posso mostrartelo!» insistette Febe.

«Ora basta. Devi andartene dal mio mondo!», e così dicendo la trascinò verso l'uscita.

«No, ti prego, non voglio lasciarti!» lo supplicò la ragazza puntando i piedi. «Ti prometto che non dirò mai più queste cose.» Flavio la guardò incerto e lei si affrettò ad aggiungere: «Il giardino della mia anima è nelle tue mani e le mie piante non possono più vivere senza la linfa che mi dai.»

Lusingato dal sentirsi indispensabile per la fanciulla, il ragazzo cedette: «Ti darò un'ultima possibilità. Ma se succede di nuovo te ne andrai!»

Febe gli giurò che non sarebbe più accaduto, terrorizzata all'idea di rimanere sola.

La scena del crollo si ripeté ancora e ancora, e ogni volta la ragazza scavalcò il muro per incontrare il piccolo e tentare di farsi dire il nome di chi l'aveva portato in quella prigione. Immancabilmente, però, lui si addormentava prima di pronunciarlo, tanto che Febe lo pregò di scriverlo da qualche parte non appena si fosse risvegliato.

Il pensiero di quel bimbo recluso la tormentava e, per placare il suo desiderio di salvarlo, escogitò un piano: lo avrebbe convinto ad avvicinarsi al muro per mostrargli l'esistenza di un altro mondo, pieno di luce e senza pericoli. Poi avrebbe chiamato Flavio, per mostrare anche a lui che c'era davvero un bambino nascosto dentro la sua anima.

Attese che Flavio fosse così intento a potare le piante da non accorgersi del suo allontanamento. Raggiunse la siepe e si arrampicò silenziosamente. Con passo felpato si addentrò nel mondo buio, che pareva ancora più spento e silenzioso del solito, e cominciò a chiamare il piccolo: «Flavio? Dove sei?»

Arrivò agli abissi dell'inferiorità, dov'era solita trovarlo, ma non c'era traccia della sua presenza. Si aggirò per i prati gridando il suo nome senza ricevere risposta, fino a quando si accorse di una piccola sagoma adagiata vicino al masso con la scritta NON VALI NULLA, CHIUNQUE È MIGLIORE DI TE.

Avvicinandosi vide che era proprio lui e provò a svegliarlo in tutti i modi, ma ogni richiamo pareva vano, perché il corpo sembrava svuotato dell'anima.

Fu in quell'istante che Febe capì. Il mondo del suo ragazzo era stato colpito da una strana maledizione che l'aveva diviso in due parti. Una parte viveva nella luce ed era grande, forte, magnifica, sicura, ma anche severa, dura e incapace di condividere la cura del suo giardino con chiunque. L'altra viveva nel buio ed era piccola, fragile, spaventata, insicura, ma anche dolce, tenera e bisognosa di aiuto per coltivare il giardino. Il muro le aveva separate affinché non potessero mai vedersi.

Febe comprese anche che il sortilegio impediva alle due parti di Flavio di esistere nello stesso momento, rendendo impossibile l'incontro. L'anima piccola poteva vivere solo quando quella grande commetteva qualche errore che la faceva crollare, mentre l'anima grande poteva risvegliarsi solo quando quella piccola si addormentava.

Febe decise che avrebbe fatto qualsiasi cosa per spezzare quel maleficio, permettendo alle due anime di scoprirsi e di riunirsi. Per riuscirci avrebbe dovuto trovare l'artefice della condanna, quella «lei» della quale ancora non conosceva l'identità. Come poteva fare? La ragazza non aveva idee né risposte, ma il suo tormento si placò quando, abbracciando il piccolo dormiente per donargli un po' di calore, si accorse della presenza di un sasso tra le sue manine, su cui era inciso un nome: ADELE.

8

I custodi di Narciso

La bambina sul trono e il principe delle favole

La solitudine della bambina adorata

Febe rimase sconvolta quando apprese che Adele era il nome della mamma di Flavio e che proprio lei aveva compiuto il maleficio che impediva al figlio di conoscere completamente se stesso. Non riusciva a capacitarsi del perché la custode gli avesse inflitto questa condanna, e mai avrebbe immaginato che Adele avesse lanciato quel sortilegio mossa dal desiderio di donargli una vita magnifica e priva di dolore.

La madre di Flavio aveva imparato l'importanza di nascondere le imperfezioni fin dal primo istante di vita quando, tuffandosi negli occhi del padre Vittorio, aveva trovato dentro di lui l'immagine di una bambina incredibilmente bella, seduta su un trono dorato.

Mentre la piccina appena nata scrutava questa stupenda figura, sentì il papà pronunciare parole che non avrebbe mai più dimenticato: «Tu sei la mia principessa e tutti ti adoreranno perché sei perfetta. Ti chiamerai Adele, affinché a chiunque sia chiaro che ho generato una figlia nobile.»

Adele si convinse di aver scoperto il volto della propria identità dentro lo sguardo del padre, e già dall'inizio della sua esistenza si impegnò ad assumere le sembianze della bimba regale e impeccabile che il custode le aveva mostrato.

La piccina cercò a lungo anche gli occhi della madre Cecilia, desiderosa di conoscere altre parti di sé, ma lo sguardo della custode non sfiorò mai il suo. La donna aveva imparato a non guardare Vittorio mentre parlava, chinando il capo per non vedere gli inganni contenuti nel mondo del marito. Anche quando nacque la figlia, non volle farla entrare dentro la sua anima per non addolorarla svelandole un volto diverso da quello della bimba sul trono dorato.

Cecilia aveva scoperto da tempo quanto lo sposo fosse abile nell'incantare le persone che lo osservavano, mostrando loro immagini di giardini e paesaggi fatati, e lei stessa si era lasciata conquistare dallo scenario della vita insieme che Vittorio le aveva prospettato. Solo in seguito aveva toccato con mano l'inconsistenza di quella visione, però aveva preferito non parlarne con lui, spaventata all'idea di dover interrompere il cammino già intrapreso per cominciare un nuovo percorso da sola.

La mamma di Adele aveva scelto volontariamente la strada della cecità, una sorte già racchiusa dentro il suo nome, e così facendo aveva impedito anche alla figlia di conoscere la verità e di ricevere uno sguardo capace di mostrarle il volto reale della sua identità.

Adele, che non aveva altri occhi desiderosi di guardarla se non quelli del padre, trascorreva le sue giornate aspettando che lui tornasse per poter rivedere la splendida bimba sul trono. Nelle lunghe attese, che spesso duravano giorni quando Vittorio era intento a scalare le vette del successo, la piccina si esercitava per dimostrare al custode quanto si fosse impegnata per diventare sempre più bella, perfetta, brava e giudiziosa.

Al ritorno, il custode metteva sempre in scena il medesimo copione. Spalancava la porta gridando: «Dov'è la mia principessa?», e al suono di quelle parole Adele si precipitava da lui, ansiosa di incontrare i suoi occhi per potersi finalmente osservare. Poi dalle mani del papà sbucava puntualmente un mazzo di fiori gialli, che porgeva alla bimba.

«Ricorda, Adele, di diventare magnifica come questo fiore. Il narciso non teme il freddo e riesce a germogliare anche senza calore. Il suo profumo è irresistibile, la sua eleganza unica e il suo colore luminoso come il sole. Ma proprio perché è tanto bello non permette a nessuno di avvicinarsi e fargli del male, quindi lo si può ammirare solo da lontano.»

La madre prendeva subito i fiori per evitare che la piccola si ferisse toccandoli, tenendo sempre lo sguardo basso per non far trapelare il fastidio che provava ogni volta che il marito raccontava la storia del narciso.

Dopo essere rincasato, Vittorio non si fermava mai a lungo e Adele cercava di occupare il poco tempo a disposizione mostrandogli la sua crescente somiglianza con la bimba perfetta sul trono. Il custode la guardava compiaciuto; non vedeva però i muri che aveva costruito dentro di sé per nascondere la tristezza che sentiva per la sua mancanza, il buio che incombeva dentro di lei e gli errori che di tanto in tanto le capitava di commettere.

La bimba impeccabile dentro il padre non sbagliava mai, non piangeva per la sua assenza e non conosceva l'oscurità, così Adele si accertò di rinchiudere dietro cinte protettive la sua parte debole e imperfetta, che avrebbe deluso il papà e impedito alle persone di amarla.

La bambina non aveva mai dimenticato le parole che Vittorio le aveva detto nei primi minuti della sua esistenza: «Tu sei la mia principessa e tutti ti adoreranno perché sei perfetta.» Non poteva rischiare che il padre scoprisse che non era realmente una principessa, né che gli altri si accorgessero delle sue imperfezioni, perché in tal caso non l'avrebbero adorata.

Terrorizzata da questa idea, la piccola trascorse l'infanzia a nascondere il suo segreto dietro barriere inaccessibili, che costruì mattone su mattone in compagnia dell'unica presenza che sapeva tutto di lei e che condivideva la sua immensa solitudine: il suo bambolotto.

Glielo aveva regalato il padre per aiutarla ad affrontare una sua lunga assenza, scegliendo fra tutti quello con gli occhi più azzurri e i boccoli più biondi. Ogni volta che la sua parte fragile e difettosa si faceva sentire, Adele lo stringeva a sé e gli raccontava ciò che non poteva dire a nessun altro: «C'è una bambina brutta e incapace dentro di me. Ma io e te la terremo nascosta e nessuno verrà mai a saperlo.»

Lui fu l'unico testimone degli enormi sforzi di Adele per nascondere i suoi lati oscuri. Proprio come il fiore che il padre le aveva regalato innumerevoli volte, la bambina riuscì a crescere senza ricevere vero calore, ammaliando gli altri con la sua bellezza e il suo profumo, ma tenendoli a distanza affinché non cogliessero la presenza delle tenebre oltre le mura.

Il suo splendore attirò molti occhi desiderosi di entrare nel suo mondo ma, per quanto desiderasse fortemente la presenza di qualcuno che lenisse la sua solitudine, Adele non poteva consentire a nessuno di addentrarsi in profondità e così, fra i tanti, scelse uno sguardo che si era accontentato di adorare la sua avvenenza da lontano.

Apparteneva a un ragazzo di nome Massimo, che riuscì a convincerla a camminare con lui per il resto della vita, dopo averle mostrato le eroiche gesta che avrebbe compiuto pur di garantirle i privilegi degni di una nobile principessa.

Massimo e l'incontentabile Adele

Massimo mantenne le promesse e giorno dopo giorno si sforzò di trasformare la sua anima in un luogo ricco di magnificenze, affinché la sua principessa potesse sentirsi a proprio agio. Nonostante le grandi dimostrazioni del marito, Adele non pareva mai soddisfatta: raramente gli concedeva la sua compagnia e passeggiava con lui negli splendidi giardini che Massimo aveva edificato in suo onore.

La fanciulla avanzava continue richieste di doni per abbellire il mondo che lo sposo stava creando per lei e si fece persino costruire un trono dorato, ma dall'alto di quel piedistallo notava tutte le mancanze che rendevano il paesaggio diverso dall'immagine contenuta negli occhi del papà.

Adele stava cercando di ricreare la visione della sua nobile vita che il custode le aveva offerto, ma tutti gli sforzi di Massimo non bastavano a eguagliare lo scenario. La fanciulla si lamentava spesso, sottolineando come suo padre fosse più abile di lui nel creare mondi straordinari.

«Per quanto tu possa impegnarti, non sarai mai alla sua altezza» ripeteva al marito.

Queste parole provocavano terremoti nell'anima di Massimo, che tuttavia non si lasciava scoraggiare, sorretto dal desiderio che fin da piccino aveva cullato dentro di sé: trasformarsi nel principe capace di salvare la principessa. Gliene aveva parlato tante volte la madre prima di coricarsi, ma sapeva che per coronare quel sogno avrebbe dovuto pazientare e trovare la forza di affrontare le imprese più temibili, proprio come nei racconti della sua custode.

Spinto dalla voglia di liberare la principessa dalla sua infelicità, non si diede per vinto e continuò ad architettare nuovi modi per rendere il suo prato ancora più ammaliante, ma nessun tentativo riusciva a placare l'incontentabile Adele. Quando Massimo si accorse che le visite della moglie si diradavano, pensò che la fanciulla trascorresse il suo tempo altrove, alla ricerca di un principe più abile nel costruire regni.

Il timore di veder sprofondare la sua opera lo spronò a cercare una soluzione che, ne era certo, avrebbe finalmente calmato l'inquietudine della moglie. Alla fine gli venne un'idea: le propose di darle un erede, che li avrebbe uniti per sempre nel reame che lui avrebbe continuato a impreziosire per loro.

Per la prima volta Adele fu entusiasta del dono del marito e cominciò a disegnare nella sua anima l'immagine del loro bambino, affinché fosse tutto perfetto per il suo arrivo. Quando il ritratto fu terminato, Adele corse nel giardino di Massimo. «Sono pronta ad accogliere il piccolo. Voglio che abbia occhi azzurri come il cielo e capelli color dell'oro; per questo il suo nome sarà Flavio.»

Massimo sperò con tutte le sue forze che arrivasse un bimbo con le sembianze che lei desiderava. Il momento della nascita era sempre più vicino e i custodi riempivano l'attesa adoperandosi perché tutto fosse perfetto. L'immagine nell'anima di Adele si faceva ogni giorno più magnifica e incantevole, mentre Massimo si affannava per rendere i giardini ancora più sontuosi. Entrambi volevano accogliere il piccolo come un principe e regalargli un mondo incantato sul quale avrebbe regnato.

Flavio venne alla luce senza troppa fatica in un giorno d'estate, ma il suo volto rivelò fattezze diverse da quelle desiderate da Adele. Seppur bellissimo, i suoi capelli non erano biondi, ma corvini come quelli del padre, e gli occhi non avevano il color del cielo illuminato dal sole, ma erano scuri come la notte.

Adele però non era disposta ad abbandonare l'immagine del bimbo angelico che aveva costruito con fatica. Accadde così che, quando il piccolo spalancò gli occhi per iniziare il suo viaggio dentro i genitori, trovò nei loro sguardi due visioni diverse.

Nella mamma vide un bimbo composto, biondo con gli occhi azzurri, seduto su un trono dorato, e nel papà un piccolino scatenato, moro con gli occhi scuri, che correva su un prato. Flavio non riusciva a capire quale corrispondesse al volto della sua reale identità, ma tutto gli fu più chiaro quando la madre gli comunicò il suo nome, che raccontava di un bambino dai capelli color dell'oro: «Ti chiamerai Flavio e sarai per sempre il magnifico principino che avevo immaginato.»

Flavio pensò che forse il padre non riuscisse a vedere bene e si affidò alla splendida visione della custode per comprendere se stesso, incantandosi ad ammirare la figura di quel bimbo strepitoso dentro il suo sguardo.

Nei giorni che seguirono la nascita, per Massimo divenne sempre più chiaro che lo scenario che aveva sognato, nel quale il piccolo avrebbe giocato dentro la sua anima e Adele, la sua principessa, l'avrebbe osservato crescere seduta sul trono forgiato per lei, non si sarebbe mai avverato.

Dal primo istante di vita del bimbo, infatti, Adele aveva quasi smesso di passeggiare nell'anima di Massimo, intenta com'era a rimirare solo il suo fagottino. Richiamava di continuo l'attenzione del piccolo e, ogni volta che il marito cercava di far entrare il figlio nel suo mondo per raccontargli tutto ciò che vedeva di lui, inspiegabilmente Flavio si agitava come se avesse di fronte qualcosa di spaventoso e, distogliendo velocemente lo sguardo dal suo custode, si affannava a ricongiungersi con gli occhi della mamma.

Massimo non riusciva a comprendere cosa lo spaventasse così tanto, né perché la sua principessa non volesse più restare nei suoi giardini, e cominciò a sentire sempre più lontana la possibilità di diventare come il valoroso principe dei racconti della madre.

Lo sconforto lo spinse a scappare in cerca di una nuova principessa desiderosa di regnare con lui, ma sentiva di non poter abbandonare il castello che aveva costruito perché altrimenti sarebbe crollato, lasciando il figlio senza una dimora da governare.

9

La storia di Narciso

Il dramma del bambino speciale

Un bambino normale

Quando Adele accolse tra le braccia il suo piccolo per la prima volta, nessuno si accorse che strinse con lui un patto segreto: «Ti giuro che non ti lascerò mai solo, sarò sempre con te e tu crescerai senza il dolore della mancanza.»

La custode non aveva dimenticato la sofferenza provata da bambina quando sua madre, fin dalla nascita, le aveva negato gli occhi abbandonandola a lunghe giornate in attesa del padre, e promise a suo figlio che a lui non sarebbe mai toccata la stessa sorte.

Il desiderio di essere diversa da Cecilia la spinse a fare l'opposto, offrendo al bimbo sguardi continui e insistenti, nella convinzione di potergli risparmiare la pena di un'esistenza senza gli occhi della mamma.

Adele fissava ininterrottamente il suo piccolo, approfittando di ogni occasione per intrufolarsi dentro il suo mondo ma, non avendo idea di come osservasse lo sguardo di un genitore presente, non si accorse di aver sostituito l'assenza con un male forse peggiore: l'invadenza.

E così l'ironia della sorte volle che anche Adele, proprio come sua madre, non permettesse al figlio di entrare dentro di lei, lasciandolo sull'uscio della sua anima a rimirare l'immagine del bambino senza difetti riflesso nei suoi occhi, troppo impegnata ad attraversare ripetutamente il mondo di Flavio.

Nelle tante ore che trascorreva ogni giorno in lui, la custode si impegnava a spianargli la strada del successo, svelandogli come diventare un bimbo impeccabile, capace di coltivare giardini perfetti. Affinché il piccolo si avvantaggiasse arrivando prima degli altri all'apice della gloria, non attese che Flavio scoprisse da solo quali fossero le sue piante e i suoi fiori preferiti, ma scelse in sua vece i semi da interrare, certa che un giorno il figlio le sarebbe stato grato per le bellezze cresciute dentro di lui.

Progettò il giardino dell'intelligenza con arbusti dagli enormi rami pronti a raccogliere i suoi voti più belli. «Su queste foglie scriverai tutti i magnifici voti che le persone ti doneranno e qui resteranno impressi perché chiunque possa vederli» disse al piccolo.

Ideò il prato della bellezza e seminò piante piene di gemme colorate e profumate. «Questo è il giardino della tua bellezza e le persone si fermeranno per riempirsi gli occhi del tuo splendore» gli spiegò.

Poco distante creò il prato della perfezione, nel quale depose cespugli dalle forme ineccepibili. «In questo giardino ti allenerai per diventare un abile potatore e imparerai come eliminare ogni imperfezione dai rami.»

Proseguì la sua opera realizzando il parco delle sfide, colmo di arbusti dai larghi tronchi. «Qui racconterai le vittorie che otterrai superando anche le prove più difficili.» Poi, poco distante, depose un albero e indicandolo raccontò al bimbo: «Questo diventerà l'albero sovrano e ti ricorderà che tu sei al di sopra di tutti.»

Infine, posizionò in lontananza vette molto elevate. «Dovrai allenarti ogni giorno per raggiungere i picchi delle alture nelle quali troverai il segreto della felicità» gli spiegò.

Capitava spesso che Adele si fermasse a rimirare le cime e, dopo qualche istante di silenzio, aggiungeva: «Diventerai uno scalatore abile come tuo nonno e proprio come lui supererai anche le salite più impervie.»

Flavio la sentiva parlare così spesso delle imprese strepitose del nonno che gli era nata la voglia di arrampicarsi e valicare le sommità, per poter finalmente incontrare Vittorio che, avendo raggiunto un punto troppo alto della cresta, da anni non faceva più ritorno a casa.

Ogni giorno il bimbo si sforzava di essere il modello perfetto che Adele gli mostrava in continuazione e si impegnava per coltivare le meraviglie che lei aveva seminato nella sua anima, ma non di rado capitava che sbagliasse la potatura o l'irrigazione, o che si sentisse così stanco da non riuscire a prendere un bel voto da scrivere sulle foglie. Quando commetteva questi errori, la mamma irrompeva nel suo mondo e lo rimproverava di non essersi impegnato abbastanza.

Poi li raccoglieva e li gettava dietro una cinta che aveva eretto dentro di lui. «Oltre quel muro butteremo tutte le tue parti imperfette» gli diceva perentoria, «così che nessuno possa vederle. Ti salverò dalla crudeltà della gente che non ama i perdenti.»

L'esistenza di Flavio procedeva faticosamente, sempre in compagnia della madre che lo spronava a migliorare.

«Questo bambino che si arrende io non lo voglio vedere, dietro il muro lo devo portare» gli ripeteva ogni volta che gli capitava di sbagliare.

Di tanto in tanto il piccolo, approfittando dei suoi rari momenti di svago, cercava lo sguardo del padre, nella speranza di trovare dentro di lui un po' di tregua. Ma Massimo gli rispondeva: «Non posso distrarmi, altrimenti il mio castello potrebbe crollare.»

Massimo e Adele erano così accecati nella creazione del mondo che avrebbero voluto per Flavio da non scorgere nella profondità dei suoi occhi un desiderio che teneva ben nascosto: quello di essere un bimbo normale, con tanto tempo per giocare, correre e scherzare, proprio come i bambini che lo circondavano e che i genitori definivano «meno speciali» di lui.

Flavio voleva sbarazzarsi a ogni costo di questo segreto indegno di un bimbo perfetto e, preoccupato all'idea che la custode potesse scoprirlo, escogitò un piano. Attese la notte e, quando fu certo che le palpebre di Adele e Massimo fossero chiuse, raccolse il suo sogno e cominciò a passeggiare tra i giardini dell'anima in punta di piedi. Sperava di trovare oltre il muro un luogo dove seppellire la voglia di essere un bambino come gli altri.

Caricò sulle spalle il pesante desiderio e provò a scalare la cinta, ma la superficie troppo liscia gli impediva di arrampicarsi. Non trovando appigli sui quali poggiare i piedini, continuava a scivolare a terra. Provò e riprovò, ma all'alba dovette desistere, altrimenti gli occhi dei genitori avrebbero potuto vederlo.

Flavio non riusciva a darsi per vinto e, spaventato al pensiero che questa voglia diventasse ogni giorno più urgente e vistosa, trovò uno stratagemma che gli avrebbe consentito di superare il muro. In una giornata come le altre, confidò alla mamma che lo trovava inadeguato alla bellezza del paesaggio e che avrebbe tanto voluto coprirlo.

Adele, che non riusciva a tollerare che l'anima di suo figlio non fosse magnifica in ogni suo punto, si ingegnò e scoprì, dopo molte ricerche, una pianta capace di arrampicarsi sui muri mascherandoli con la sua bellezza. Il suo nome era edera, e la custode la seminò ovunque nelle vicinanze della cinta, felice di aver trovato un modo per nasconderla ancora meglio.

Un amico

L'edera crebbe molto velocemente inerpicandosi sul muro, che in breve tempo assunse un aspetto incantevole grazie alla delicata forma delle foglie sempreverdi. Adele era soddisfatta di aver esaudito il desiderio del figlio e si compiacque nel vederlo apprezzare così tanto l'eleganza della siepe, ignara del vero motivo che l'aveva spinto a richiederla.

Quando i ramoscelli raggiunsero il punto più alto della cinta, Flavio tentò nuovamente di mettere in atto il suo piano e attese l'arrivo della notte, che avrebbe spento lo sguardo dei genitori. Sistemò sulle spalle il desiderio di essere un bambino normale, diventato nel frattempo ancora più grande, e con pazienza cominciò ad arrampicarsi, aggrappandosi ai rami più robusti. Pian piano si avvicinò alla cima e poi, con la stessa caparbietà, discese grazie ai tralci spuntati anche dall'altra parte del muro.

Non appena i suoi piedi toccarono terra, si voltò per osservare quella parte di anima che non conosceva e rimase atterrito dal buio e dal freddo che avvolgevano i giardini incolti e pieni di erbacce.

Avanzò con timore, impaurito dallo squallore dei prati, ma la necessità di sbrigarsi lo obbligò a trovare in fretta un luogo in cui sotterrare il segreto. Perlustrò le zone circostanti senza individuare un posto che sentisse abbastanza sicuro ma, proprio mentre setacciava ogni angolo, un suono in lontananza interruppe la sua affannosa ricerca.

Il tempo a disposizione era poco, ma quel rumore lo incuriosì a tal punto che decise di seguirlo. Avvicinandosi, comprese che si trattava del pianto disperato di un bambino. Infine lo vide, singhiozzante, seduto sul ciglio di un burrone.

Flavio intuì che voleva buttarsi e si precipitò. Lo afferrò con forza e lo riportò sull'erba, lontano dalla voragine. Poi, con la mano ancora tremante, lo fece voltare per scoprire chi fosse. Si trovò dinanzi un bimbo bellissimo, con i capelli corvini e gli occhi scuri come la notte, ancora pieni di lacrime.

«Ma tu chi sei?» gli domandò sorpreso.

«Io mi chiamo Flavio» rispose il piccolo mentre cercava di calmarsi.

«Ma non è possibile! Flavio sono io: tu non puoi chiamarti così, perché i tuoi capelli sono scuri. La mamma ha dato questo nome a me che sono biondo con gli occhi azzurri.»

«Lo so» rispose l'altro, scoppiando di nuovo a piangere. «Sono tutto sbagliato. Nascendo con i capelli neri ho deluso la mamma e ogni giorno la rendo infelice perché commetto un sacco di errori e non sono capace di coltivare giardini perfetti.»

Flavio era incredulo. «Ma chi ti ha portato qui?»

«Mi ha nascosto la mia mamma dicendomi che non sarei mai dovuto uscire, perché se la gente mi avesse scoperto mi avrebbe fatto del male. Però mi ha fatto una promessa...»

«Quale promessa?»

«Che mi libererà quando sarò capace di coltivare giardini perfetti, così nessuno potrà più ferirmi.»

Flavio ascoltò queste parole con attenzione e ripensò a tutte le volte in cui la mamma aveva ripetuto: «Questo bambino che si arrende io non lo voglio vedere, dietro il muro lo devo portare.» Comprese che il bimbo perdente esisteva davvero e che la custode l'aveva confinato oltre la cinta, celandolo al mondo per timore che gli altri potessero giudicarlo e farlo soffrire.

I suoi pensieri si affastellavano senza tregua, ma la voce del piccolo lo riscosse: «E tu chi sei? Cosa ci fai qui?»

«Io abito dall'altra parte del muro. E posso vivere alla luce perché sono capace di coltivare i miei prati alla perfezione.»

«Come sei fortunato! Perché ti trovi qui, allora?»

«Perché c'è una cosa che la mamma non deve vedere» ammise, mostrandogli la voglia di essere un bambino normale nascosta dietro la schiena.

«E perché?»

«Perché i bimbi perfetti non possono giocare, devono sempre impegnarsi.»

«Non preoccuparti. Ci penso io a nasconderla in un posto nel quale nessuno potrà scoprirla.»

«Ti ringrazio davvero, mi stai salvando!» si illuminò Flavio abbracciandolo.

Il piccolino abbozzò un sorriso, contento per quel gesto che gli donava un po' di calore e per le parole che lo facevano sentire strano, come se fosse un po' meno sbagliato.

«Ora devo andare» disse Flavio. «La mamma sta per svegliarsi.»

Il piccolo raccolse tutto il coraggio che aveva e gli fece un'ultima domanda: «Tornerai a trovarmi?»

L'altro rimase colpito, perché nessun bimbo sembrava mai troppo desideroso di passare del tempo con lui. Mentre assaporava l'insolita sensazione, sentì parole che lo resero ancora più felice: «Se tornerai potremo usare insieme la tua voglia di giocare, e nessuno ci scoprirà mai perché siamo nascosti al buio.»

«Sarebbe magnifico! Tornerò non appena i custodi chiuderanno di nuovo gli occhi.»

«Ti aspetto!» rispose l'altro, regalandogli la frase più bella che avesse mai sentito: «Sono felice di aver trovato un amico.»

«Anch'io» sorrise Flavio prima di allontanarsi, ancora incredulo per l'inaspettata scoperta e con la parola «amico» che gli risuonava nella testa.

Lo stratagemma

Il giorno seguente Flavio coltivò i giardini e scalò le vette più volentieri, come se l'incontro con il piccolo nascosto nell'oscurità gli avesse donato maggiore forza. Persino il tempo trascorse più velocemente. Il bimbo non vedeva l'ora che arrivasse la sera per tornare oltre il muro e usare con il nuovo amico la voglia di ridere e di giocare.

Così, non appena i custodi si addormentarono, si precipitò nella parte buia della sua anima.

«Sono tornato!» urlò quando i suoi piedi toccarono terra.

Subito sentì la voce dell'altro, che l'aveva atteso per tutto il giorno, rispondere: «Sono qui!»

Si corsero incontro e si abbracciarono e poi, senza perdere altro tempo, condivisero la voglia di giocare. Risero a crepapelle, si rotolarono giù per le colline, giocarono a nascondino tra gli alberi, presero le foglie con i voti brutti e le trasformarono in aeroplanini che fecero volare sul fondo degli abissi dell'inferiorità. Raccolsero tutte le pietre su cui erano scolpite parole pesanti che parlavano di fallimenti, e costruirono un castello con altissime torri per avvistare i nemici. Si arrampicarono sugli alberi più alti facendo a gara a chi arrivava per primo e poi, aggrappandosi con le gambe ai rami più solidi, si misero a penzolare a testa in giù.

Il Flavio biondo mostrò al bimbo moro come potare le piante, e lui gli insegnò a usare i tralci scartati per costruire spade di valorosi cavalieri. Infine, quando furono esausti, strapparono tutte le erbacce dai prati creando morbidi cuscini sui quali riposare.

Trascorsero momenti magnifici e senza accorgersene si aiutarono l'un l'altro, componendo un mondo a loro misura nel quale non esistevano pesantezza e tristezza, ma solo la gioia di stare insieme. In questo luogo magico scoprirono persino di possedere poteri speciali, quelli della fantasia e dell'immaginazione, capaci di trasformare in capolavori anche le cose più brutte.

Avrebbero desiderato continuare a farsi compagnia, ma l'incombere del giorno li obbligò a salutarsi velocemente per non rischiare di essere scoperti.

«Tornerò domani!» promise il Flavio biondo, allontanandosi di fretta ma guardando l'amico con la coda dell'occhio.

«Io ti aspetterò qui!» rispose l'altro agitando la mano.

Ogni sera attendevano il calar del sole per ritrovarsi e ricreare la magia del loro mondo, in cui non c'erano vincitori o perdenti, perfetti o imperfetti, speciali o normali, ma soltanto i loro giochi magici e pieni di allegria.

I due diventavano ogni giorno più uniti e riuscirono, con il loro legame, a cancellare la solitudine che ciascuno serbava nel profondo della propria anima. Si volevano bene e insieme si cambiarono in meglio, ma qualcosa interruppe lo splendore che stavano costruendo e che li faceva sentire finalmente una cosa sola.

Le lunghe notti trascorse in compagnia dell'amico cominciarono a creare qualche problema al Flavio biondo: nonostante si impegnasse al massimo per coltivare i propri giardini in modo impeccabile, accusava un po' di stanchezza che gli impediva di essere inappuntabile come sempre.

Di giorno doveva faticare molto e di notte non riposava per concedersi il tempo prezioso del gioco. Adele non comprendeva cosa stesse accadendo al suo bimbo perfetto e provò a stimolarlo con lunghi discorsi di incoraggiamento, che tuttavia non sembravano più attecchire, a tal punto che il terreno cominciò a inaridirsi e il mondo del figlio a sbiadire.

La custode si accorse che le sue parole non stimolavano più il piccolo a perfezionare la cura dei suoi giardini, né gli donavano la forza necessaria per la scalata alle vette, che diveniva sempre più lenta.

Adele pensò a quali altri stratagemmi utilizzare per spingere il bambino a ritornare quello di sempre e, dopo aver riflettuto a lungo, ebbe un'idea. Mentre Flavio potava pigramente le sue piante nel prato della perfezione, per fargli una sorpresa sparse ovunque la semenza di un fiore speciale, che si augurava gli avrebbe fatto brillare gli occhi.

I fiori spuntarono nella notte e, quando il piccolo fu di ritorno dopo il tempo trascorso con l'amico, venne sorpreso dalla luce meravigliosa e dal profumo inebriante emanato dalla moltitudine di corolle gialle. Mentre il bimbo era intento a rimirare quello splendore, Adele comparve dentro di lui all'improvviso.

«Ti piace il mio regalo?»

«È stupendo, mamma. Non avevo mai visto fiori così belli!»

La custode colse l'occasione per parlargli. «Questi sono i fiori che mi donava sempre nonno Vittorio, e io ho voluto donarli a te. Si chiamano narcisi e hanno poteri magici.»

«Davvero?! E quali?»

«Mio padre mi ha raccontato tante volte che il narciso è il fiore più forte di tutti perché è capace di crescere anche senza calore. È il più elegante, il più profumato e può nascondere il buio grazie alla luce del suo colore brillante come il sole.»

Colto dall'entusiasmo, Flavio si buttò verso i fiori per raccoglierne un mazzetto. Ma proprio in quell'istante la mamma lo fermò con forza.

Il piccolo si bloccò, spaventato. «Non posso prenderli?»

«Assolutamente no! Il narciso va solo guardato. Non devi toccarlo, c'è un veleno nelle foglie e nel bulbo.»

Flavio si intristì. «Come mai un fiore tanto bello contiene veleno?»

«Perché lo protegge dalle persone che vogliono fargli del male, impedendo a chiunque di strapparlo dal suolo.»

Il bimbo rimase deluso per quel regalo che non poteva neanche toccare, ma Adele, intuendo la sensazione che lei stessa aveva provato, lo consolò: «In pochi hanno il privilegio di poter coltivare questo fiore dentro la loro anima, perciò dovrai averne cura e dovrai impegnarti per farlo crescere, procurandoti ogni giorno una sostanza capace di farlo brillare.»

«Di quale sostanza si tratta?»

«Della luce che emanano gli occhi pieni di ammirazione» rispose la mamma con tono severo.

Il piano funzionò e la voglia di veder luccicare i suoi splendidi narcisi spinse Flavio a cercare di nuovo di essere perfetto, ma la custode avrebbe presto scoperto che l'effetto della sua astuta mossa non sarebbe durato a lungo.

L'odio dell'amore

Nell'arco di pochi giorni, Flavio esaurì lo stimolo che l'aveva spinto a ritornare il bimbo impeccabile di un tempo. Qualcosa lo distoglieva dai propri traguardi e la mamma era intenzionata a scoprire cosa stesse disturbando il suo piccolo capolavoro. Provò così a indagare in ogni maniera possibile dentro la sua anima. Prima incrementò gli ingressi nel suo mondo, per verificare in ogni istante cosa stesse accadendo in lui; poi utilizzò la tattica dello sbirciare, uno strano modo di guardare l'altro mentre non sa di essere osservato; infine provò persino a non varcare la soglia per qualche ora nell'intento di far riposare i suoi occhi, forse troppo stanchi per svelare il mistero nascosto nel figlio.

Adele non si dava pace arrovellandosi per carpire il segreto del bimbo, e il suo tormento si insinuò anche nel sonno, impedendole di addormentarsi. Fu proprio nell'arco di una di queste notti agitate che la custode avvertì qualcosa che la insospettì. Udì uno strano vociare proveniente dalla camera del piccolo, come se stesse parlando con qualcuno. Si incamminò verso la stanza con passo felpato per non farsi scoprire e, quando fu più vicina, distinse in modo chiaro il suono di allegre risate che la fecero raggelare: con chi mai poteva essere il suo bimbo?

Arrivata davanti alla camera, aprì lentamente la porta, che tuttavia scricchiolò. Il rumore fece sobbalzare Flavio, che spalancò gli occhi e non fece in tempo a sottrarsi allo sguardo indagatore di Adele. La custode si infilò prontamente nella sua anima, ma non riuscì a trovare il figlio in nessun luogo.

«Dove ti sei cacciato, Flavio?» urlava e urlava.

I due bambini, sentendo la voce adirata, cominciarono a tremare e si nascosero nel punto più buio del loro mondo.

«Dobbiamo fare silenzio» disse il Flavio biondo, «perché se ci trova sarà la fine per noi.»

Il Flavio moro si azzittì. Tenendosi per mano, pregarono che la mamma non scoprisse la loro amicizia segreta, ma la custode non aveva intenzione di uscire e come una furia setacciò ogni parte del giardino.

Dopo aver perlustrato in lungo e in largo senza riuscire a trovare il bimbo, venne improvvisamente colta da un terribile dubbio. Si voltò determinata verso il muro. Con il cuore palpitante, avanzò davanti alla cinta nascosta dalla siepe e notò tra i rami i segni di un tracciato che consentiva di scavalcarla velocemente.

Si inerpicò, approdando nel giro di pochissimo tempo nelle oscurità dell'anima di Flavio, poi gridò nuovamente: «Esci fuori, lo so che sei qui!»

I bambini rimasero muti sperando che la mamma non li notasse, ma i suoi passi si facevano sempre più vicini. Adele non riusciva a stanare Flavio e fu sul punto di cambiare direzione, quando udì un debole lamento che la richiamò verso il loro nascondiglio.

Il Flavio moro non era riuscito a trattenere le lacrime. Togliendo le foglie secche con le quali si erano camuffati, la madre li scoprì insieme, stretti in un abbraccio che rivelò chiaramente il loro legame ormai profondo.

«Come avete potuto?» disse con voce spezzata. «Mi avete profondamente deluso!»

«È tutta colpa mia!» rispose il bimbo dai capelli scuri. «Ho chiesto io a Flavio di raggiungermi per giocare.»

«Avevo creato un muro perché tu non finissi nei guai, e invece hai messo a rischio la tua vita rovinando la perfezione» gli disse Adele.

«Ti chiedo perdono» replicò il piccolo, che cominciò a sentirsi inadeguato come da tanto tempo non capitava più.

«Mi hai preso in giro» continuò la mamma, rivolgendosi ora al Flavio biondo. «Mi hai fatto credere che eri stanco, e invece stavi trascurando il mondo che io ho costruito per te sacrificando tutta la mia vita!»

Mentre Adele pronunciava quelle parole, sentì dentro di sé un dispiacere talmente forte da spaccarle l'anima in pezzi. Cadde a terra e perse i sensi. I suoi occhi si chiusero e improvvisamente abbandonò il mondo dei bimbi, precipitando in un sonno diverso da quello normale.

Flavio cercò di aprire le sue palpebre che si richiudevano pesanti e, non sapendo più cosa fare, chiamò il papà, che accorse in un lampo.

«Cos'è successo?!» domandò angosciato nel vedere a terra la sua principessa. «Cos'hai combinato?» La sollevò con delicatezza e la portò a letto.

Flavio non riusciva a proferire parola. Si addormentò al capezzale della mamma stringendo forte la sua mano, nella speranza di trasmettere un po' di calore al suo corpo ormai freddo.

La mattina seguente, quando il bambino aprì gli occhi, la trovò di nuovo sveglia.

«Sei tornata!» esclamò esultante, abbracciandola. «Ho avuto tanta paura.»

La custode non ricambiò l'abbraccio e, quando il piccolo cercò il suo sguardo, rimase sconvolto da ciò che vide. Nell'anima di Adele non c'era più il bimbo perfetto con i capelli biondi e gli occhi azzurri seduto sul trono, bensì l'immagine del bambino dai capelli corvini.

Flavio non trovava più il suo volto e si rivolse disperato alla madre. «Dove sono, mamma? Non riesco più a vedermi dentro di te.»

«Dopo quello che hai fatto, è come se tu non esistessi più per me» rispose lei, distogliendo lo sguardo per non vedere le sue lacrime.

«Ti prego, fammi tornare» la supplicò il bambino, cercando disperatamente di riportare i suoi occhi su di sé, ma la custode si chiuse nel suo silenzio e tornò a letto, avvertendo una stanchezza così forte da imporle continuo riposo.

Flavio cercò dappertutto il padre, bisognoso di uno sguardo capace di confortarlo, ma quando lo trovò, in lui vide solo l'ira.

«Ti rendi conto di cos'hai fatto? Ora la mamma sta male per causa tua. Ti sembra il modo di ripagarla di tutti i sacrifici e il tempo che ti ha dedicato?!»

Il piccolo corse lontano, con le mani sul viso per raccogliere le lacrime che scendevano abbondanti, e alcuni pensieri spaventosi cominciarono a prendere forma dentro di lui. Iniziò a sentirsi sbagliato e a vergognarsi di aver giocato di nascosto con il bimbo imperfetto, che ora aveva preso il suo posto nell'anima della madre. Doveva trovare il modo di tornare nello sguardo della sua custode, e per giorni si impegnò senza sosta per dimostrare di essere ancora bravo come un tempo, ma nulla sembrava avere effetto. Dentro gli occhi della mamma c'era solo l'altro bambino.

Nel piccolo cominciò a crescere un grande fastidio ogni volta che scorgeva il volto del bimbo moro dentro la custode. Provava verso il suo amico una strana emozione simile alla rabbia. Divenne geloso della sua presenza e cominciò a sospettare che il piccolo avesse architettato tutto con l'intento di prendere il suo posto. Quando lo incontrava, lo incolpava dell'accaduto accusandolo di averlo tradito piangendo apposta, mosso dal desiderio che la madre li scoprisse e lo punisse.

Il bimbo moro cercava inutilmente di scacciare quelle idee assurde, e i loro momenti di gioco insieme si trasformarono in liti. Il loro splendido mondo si sgretolò e il Flavio biondo cominciò a nutrire un tale rancore verso l'altro bambino, diventato il responsabile della sua sparizione dall'anima della madre, da spingerlo a meditare qualcosa di veramente terribile.

Decise che l'unico modo per riprendere possesso del suo posto dentro la mamma fosse eliminare per sempre il Flavio moro. Quello fu l'istante in cui l'odio cominciò a prendere il posto dell'amore.

L'idea di toglierlo dal suo mondo non gli dava tregua, ma non sapeva come concretizzarla, finché un giorno ebbe un'intuizione. Mentre era intento a rimirare la bellezza dei suoi fiori gialli, prezioso dono della custode, capì che era quella la soluzione. Progettò il suo piano nei minimi dettagli e poi, quando fu pronto, andò dal bimbo moro che come sempre lo attendeva speranzoso di poter tornare suo amico, ma questa volta portò con sé qualcosa che avrebbe cambiato il loro destino.

Il Flavio biondo scavalcò il muro e, una volta entrato nel mondo buio, chiamò il bambino moro. «Dove sei?»

Il piccolino esitava a farsi vedere, preoccupato di venire sgridato di nuovo, ma l'altro lo tranquillizzò: «Non avere paura, sono qui perché vorrei che tornassimo amici.»

«Davvero?» rispose ingenuamente il bimbo, con un tono di voce che lasciava intuire la sua gioia e il suo sollievo.

«Sì, davvero! Ti ho anche portato un regalo per fare la pace» aggiunse il Flavio biondo, che aveva imparato dalla sua custode l'arte di persuadere gli altri.

Quando i bambini furono vicini, il Flavio biondo mostrò un delicato pacchettino nel quale aveva accuratamente riposto il suo dono. «Questo splendido fiore è per te. Me l'ha regalato la mamma per far risplendere la mia anima, e ora io lo offro a te perché il tuo mondo diventi meno buio.»

«Ma è meraviglioso!» esclamò il Flavio moro prendendolo tra le mani. Accarezzò le foglie e il bulbo senza sapere quale pericolo contenessero. Il veleno del narciso entrò subito in circolo e nel giro di pochi istanti il bambino si accasciò a terra.

Il Flavio biondo lo guardò cadere, e l'astio che aveva nutrito la sua anima nei giorni precedenti gli impedì di provare dolore per l'amico con cui aveva condiviso i momenti più belli della sua esistenza.

Il desiderio disperato di tornare a esistere nel mondo di Adele e di risalire sul trono dei suoi pensieri l'aveva indotto a uccidere la parte di sé che riteneva responsabile dell'allontanamento della sua custode. L'angoscia della mancanza era stata una punizione insopportabile per lui, abituato a essere sempre visto, e per questo non aveva esitato a sacrificare la sua voglia di giocare e di essere un bambino normale.

Prima di andarsene, guardò un'ultima volta il bimbo moro: uno struggente patimento smosse le ultime lacrime incastrate come perle fra le ciglia dei suoi occhi ormai serrati.

«Perdonami. Ho dovuto farlo» sussurrò voltandosi con un sospiro, certo che non si sarebbero rivisti mai più.

Flavio non poteva sospettare che il piccolo era solo caduto in un sonno profondo, né poteva sapere che nell'istante in cui il bimbo moro aveva toccato il fiore si era compiuta una maledizione che avrebbe segnato entrambi.

Perché i due bambini erano intimamente legati e così, avvelenando il bambino dai capelli corvini, Flavio aveva avvelenato anche se stesso, lanciando un incantesimo che avrebbe impedito loro di ricordarsi l'uno dell'altro e di poter vivere nello stesso momento. Il Flavio perfetto sarebbe rimasto in vita solo quando brillavano i narcisi, ma se i fiori si fossero spenti per mancanza di ammirazione avrebbe cessato di esistere, e in quell'istante si sarebbe destato il Flavio imperfetto nascosto nella parte buia del suo mondo.

10

IO TI SALVERÒ e TU MI ADORERAI

L'incastro di coppia

La cecità della superbia

L'assenza del bambino dai capelli scuri aveva reso Flavio esattamente come Adele lo aveva immaginato ancor prima della sua nascita: dedito alla coltivazione di un mondo perfetto e desideroso di primeggiare nella scalata verso il successo.

Il bimbo riprese il suo posto negli occhi della madre e risalì sul trono, che ammirava ogni giorno con l'orgoglio di sentirsi magnifico e speciale. Anche la custode ritrovò la ragione della sua esistenza nel futuro del figlio e tutto sembrò tornare come prima.

I prati di Flavio diventarono sempre più floridi e chi si affacciava restava stupito dal suo talento nella coltivazione. Le piante del giardino dell'intelligenza si riempirono di foglie con splendidi voti, il prato della bellezza straripava di gemme di ogni colore, il giardino della perfezione conteneva arbusti dalle forme impeccabili e sui tronchi del parco delle sfide spiccavano innumerevoli trionfi. L'albero sovrano si ergeva portentoso, costringendo chiunque lo guardasse ad alzare il capo per scorgerne la cima, e le gambe del bimbo divennero così robuste da scalare le salite più impervie.

Gli apprezzamenti e la stima che Flavio riscuoteva permettevano ai narcisi di brillare e a lui di rimanere in vita. La sua sopravvivenza dipendeva dagli altri e dalla sua capacità di ottenere la loro adorazione: per questo nel tempo divenne sempre più abile nel riconoscere gli sguardi capaci di donargli la luce necessaria per continuare a vivere.

Nel corso degli anni catturò l'attenzione di molte persone desiderose di far parte del suo splendido mondo, ma nessuna riusciva a soggiornare a lungo dentro di lui, perché non era permesso toccare i giardini ed era impossibile riuscire a costruire un percorso di vita insieme.

Flavio era troppo dedito alla cura dei suoi spazi e alla scalata delle vette per offrire tempo ed energie alla creazione di una strada da condividere e, non appena le persone al suo fianco cominciavano a lamentarsi, il ragazzo le faceva uscire, preoccupato che potessero distrarlo dagli impegni e mettere in pericolo il suo mondo.

Avendo addormentato dentro di sé la parte capace di costruire un legame, Flavio dovette ingegnarsi con molta astuzia, la medesima con cui la mamma lo teneva vincolato, per attirare a sé gli altri persuadendoli a regalargli ciò che gli serviva, ma i suoi trucchi non duravano a lungo. Ben presto chi gli stava accanto avvertiva la sensazione di essere caduto in una trappola.

Il ragazzo non si curava del dolore generato dai suoi inganni, intento com'era a procurarsi la sostanza necessaria per alimentare il suo mondo, e così, quando qualcuno non era più disposto a donargli venerazione oppure pretendeva che usasse le sue energie per edificare il cammino di una relazione, veniva celermente accompagnato fuori dalla sua anima.

Con il passare degli anni affinò la capacità di riconoscere le persone predisposte ad ammirarlo, scoprendo l'esistenza di splendide fanciulle disponibili a elargire moltissima luce in cambio di alcune parole capaci di nutrire il loro terreno, assetato e trascurato da custodi distratti.

Ne incontrò molte e da loro carpì il bagliore necessario, per poi farle uscire allo spegnersi dei loro occhi. Capitò spesso che, per garantirsi una devozione costante, ospitasse dentro i propri giardini più ragazze contemporaneamente, avendo cura di mettere molto spazio tra loro, in modo tale che gli sguardi non potessero incrociarsi e nessuna si accorgesse della presenza delle altre.

Il giorno in cui Flavio si imbatté in Febe era uno dei tanti in cui il ragazzo perlustrava i dintorni in cerca dell'ammirazione necessaria ai suoi fiori. Immediatamente i suoi occhi esperti compresero che lei era proprio la fanciulla giusta. La magrezza del suo corpo raccontava di quanto poco fosse stata nutrita la sua anima e i suoi occhi, alla disperata ricerca di qualcuno, rivelavano la sua fame di essere vista.

Flavio intuì che sarebbe stato semplice ottenere ciò che desiderava, così si avvicinò per assicurarsi che nel mondo di Febe ci fossero sostanze per rifocillarsi. Si rivolse a lei mettendo in atto le mosse che era solito utilizzare con le ragazze che l'avevano preceduta, certo che avrebbero ben attecchito nel suo terreno.

La prima fu chiamarla «mia Principessa», due semplici parole capaci di far germogliare il pensiero di essere unica e speciale. Non appena le pronunciò, Flavio udì il rumore del tumulto provocato in lei, così poco abituata a sentirsi preziosa per qualcuno.

La seconda fu descrivere la bellezza dei suoi occhi, elogiandoli per lo splendore che erano capaci di emanare. Di nuovo si compiacque nel sentire le radici dei suoi arbusti abbeverarsi e nel notare la comparsa di un leggero rossore sulle guance della ragazza, che lo invitava a proseguire.

Quindi passò alla terza mossa, ovvero decantare la meraviglia delle piante nascoste nel prato della sua anima, nonostante non fosse ancora entrato in lei, inducendola a credere che possedesse una straordinaria abilità di vedere. Febe non poteva sapere che Flavio provava a indovinare e che spesso riusciva a dire il vero, conoscendo molto bene com'era fatto il mondo delle principesse somiglianti a lei.

I tranelli funzionarono, facendo sentire la ragazza rigenerata dalla linfa di quelle frasi e di quelle movenze così dolci. La gratitudine provata per essere stata saziata la spinse a spalancare lo sguardo, abbattendo ogni difesa.

Quando Flavio si insinuò con scioltezza, come se conoscesse già la strada, avanzò verso la meta con passo rapido e irrigò il suolo con tutte le lusinghe possibili, rendendo fertile la terra per la semenza che presto avrebbe coltivato dentro di lei.

Giunto nel giardino di Febe, si congratulò con se stesso per aver trovato proprio la donna che stava cercando, ma commise l'errore di leggere distrattamente gli arbusti, soffermandosi solo sui primi tre: IO DIVENTERÒ BUONA E BRAVA, IO NON DARÒ PREOCCUPAZIONI e IO CURERÒ LE DELUSIONI, che lo convinsero della docilità della ragazza e della sua propensione alla cura dell'altro.

La superbia gli fece pensare di aver già intuito tutto sul mondo di quella principessa, impedendogli di accogliere il suo invito ad accompagnarlo nelle parti più remote di sé, tanto che lo declinò bruscamente dicendole di aver già visto ciò che gli serviva. Lo sguardo limitato con il quale spesso osservava le cose non gli permise di notare le scritte incise sui due arbusti più lontani, IO TI SALVERÒ e IO RIUSCIRÒ A RAGGIUNGERTI, né si rese conto di quanto fossero forti e imponenti.

Se avesse prestato maggiore attenzione si sarebbe accorto che l'anima di Febe non era solo sottomessa, obbediente e devota, ma anche capace di scavare nelle profondità in cui gli individui nascondono i segreti più temibili, e di risalire le vette per avvicinarsi a coloro che cercano di scappare.

Ignaro della persona che presto avrebbe ospitato nel suo mondo, il giorno del loro incontro non le domandò nemmeno il nome, fingendo di averlo letto dentro i suoi occhi, e non gli diede molta importanza nemmeno quando fu lei a gridarglielo al momento di salutarlo.

Una nuova occasione

Quando Flavio accolse Febe dentro la propria anima, immaginò che avrebbe vissuto il medesimo scenario sperimentato con tutte le principesse incontrate in passato. Dapprima

l'avrebbe incantata donandole parole capaci di farla germogliare e l'avrebbe convinta di non poter più fare a meno delle
sue lusinghe, distogliendo il suo sguardo da qualsiasi cosa diversa da lui. Poi l'avrebbe invitata a entrare nella sua anima,
ammaliandola con lo splendore dei suoi giardini, e avrebbe
rubato dai suoi occhi tutta la luce necessaria per nutrire i narcisi. In seguito, l'avrebbe persuasa a restare nel suo mondo
trattenendola con l'illusione di un cammino da costruire insieme, e infine l'avrebbe spinta a uscire non appena il suo
sguardo avesse smesso di brillare.

Il soggiorno delle ragazze, infatti, non durava mai a lungo.
Alcune di loro venivano invitate ad andarsene quando i loro
occhi si spegnevano, stanchi di attendere il compiersi di promesse che non si sarebbero mai realizzate. Altre, particolar-
mente bisognose di ricevere nutrimento, accettavano di entrare
e uscire velocemente da lui, pur di ricevere qualche parola
magica in cambio di totale adorazione; altre ancora se ne an-
davano da sole, dopo averlo visto crollare e trasformarsi in un
uomo normale.

Febe, tuttavia, non era come le altre. La fanciulla dagli occhi lucenti sapeva aspettare più a lungo, poiché aveva trascorso la vita in attesa di uno sguardo che si posasse su di lei, e
riusciva a tollerare meglio la fame giacché la sua anima si era
abituata a saziarsi con pochissimo nutrimento, e la ricerca del
tesoro nascosto le aveva insegnato a non arrendersi.

Dentro i suoi genitori, Febe aveva percorso strade tenebro-
se e appreso l'abilità di entrare negli anfratti bui che nascondevano i segreti più spaventosi. Per questo motivo non si
scoraggiò quando incontrò le prime insidie nel mondo di Flavio, non si spazientì quando lo vide indugiare nella costruzione di un progetto di vita insieme, né decise di andarsene
quando si accorse che non era perfetto e poteva crollare.

I tragitti tortuosi che il ragazzo le pose dinanzi non la spa-
ventarono perché li conosceva già, e quando li trovò dentro la
sua anima sentì che la vita le stava offrendo l'occasione di
completare il proprio percorso alla ricerca dell'identità, che

era stato precocemente interrotto quando i genitori, persi nei propri dolori, le avevano negato l'accesso ai loro occhi.

Come il padre Andrea, anche Flavio desiderava raggiungere le vette del successo e per questo non aveva tempo da dedicarle. Così, quando vide che lo splendido ragazzo che l'aveva voluta nel suo mondo possedeva il medesimo scenario fatto di picchi da scalare, pensò che le stesse offrendo l'opportunità di arrivare finalmente alla cima per godersi il panorama dall'alto, in compagnia della persona amata.

Restando sempre al suo fianco scoprì che oltre la bellezza, il successo, la perfezione, lo sfavillio e il profumo, la sua anima celava una parte trascurata, imperfetta, oscura, fragile e piena di delusioni che qualcuno aveva occultato dietro un muro e, proprio come aveva fatto dentro la madre Angelica, lo oltrepassò senza esitazione, imbattendosi in un mondo sotterraneo e cupo. Avanzò nelle tenebre, poiché aveva già appreso come muoversi anche dove mancava la luce e sapeva come addentrarsi nell'ignoto, spesso rivelatore di verità inaspettate.

La sua caparbietà la condusse fino agli abissi dell'anima e in quel luogo percepì una presenza che aveva bisogno di aiuto: un bambino abbandonato nell'ombra, in attesa di qualcuno che forse non sarebbe mai arrivato. Non era riuscita a portare con sé la bambina senza nome scovata dentro la mamma, ma promise a se stessa che avrebbe salvato almeno lui, che non avrebbe fallito la missione con il piccolo Flavio dai capelli corvini.

A qualunque costo avrebbe trovato il modo di farlo uscire da lì, avrebbe ottenuto il nome della responsabile e l'avrebbe convinta a far cessare il maleficio che impediva a Flavio di ricongiungersi con il suo piccolino oltre le mura.

Dopo aver superato tutte queste imprese sarebbe finalmente stata premiata dal suo ragazzo che, liberato da tutti gli impedimenti, le avrebbe donato l'energia necessaria per tracciare la strada del loro futuro insieme.

Febe sentì che tutto questo sarebbe accaduto molto presto quando, di ritorno dal mondo avvolto nel buio nel quale si era avventurata all'insaputa di Flavio, si diresse verso di lui stringendo tra le mani la pietra su cui il piccino aveva inciso il nome di colei che aveva inflitto loro quel terribile sortilegio.

Il peso del fallimento

Febe si avvicinò a Flavio, decisa a svelare una realtà che questa volta non avrebbe potuto negare. Quando fu accanto al suo bellissimo ragazzo intento a potare gli arbusti, prese fiato facendosi coraggio. «Flavio, ho una cosa da mostrarti.»

«Non vedi che sto lavorando?»

«Fermati e ascoltami» disse Febe, con un tono così risoluto da richiamare la sua attenzione. «Qualcuno ti ha lanciato un sortilegio che ti fa crollare ogni volta che sbagli. Quando ti addormenti, si risveglia un'altra parte di te, un bambino piccolo che vive in un mondo buio oltre quel muro.»

«Non posso crederci! Avevi promesso che avresti smesso con queste visioni, adesso non posso più sopportare che tu...»

«Ascolta quello che ho da dirti» lo interruppe Febe, «poi se vuoi me ne andrò dalla tua anima.»

Di fronte a tanta fermezza, persino Flavio rimase zitto.

«Il bimbo è riuscito a scrivere su questa pietra il nome della persona che ha scagliato il maleficio.» La fanciulla aprì la mano per consentirgli di leggere la parola.

Flavio guardò il sasso di malavoglia ma, quando scorse le lettere, i suoi occhi si spalancarono come se avessero visto qualcosa di spaventoso.

«Chi è Adele?» domandò Febe.

Flavio tacque, incapace di distogliere lo sguardo dalla pietra.

«Tu conosci qualcuno che si chiama così?» lo incalzò.

«Dove hai trovato questo sasso?!» si riscosse Flavio strappandoglielo di mano.

«Te l'ho già detto: me l'ha dato un bimbo con i capelli corvini e gli occhi scuri come la notte che vive oltre il muro, in un mondo avvolto dal freddo e dal buio.»

Le parole della ragazza gli fecero provare un dolore pungente e, mentre si toccava il petto per placare la sofferenza, una figura sfocata gli attraversò la mente. Ma era poco nitida e riuscì a vedere solo l'immagine di alcune lacrime incastrate come perle fra le ciglia di un bambino.

«Cosa ti succede, Flavio?» domandò Febe.

Il ragazzo non riusciva a reagire né a comprendere cosa stesse accadendo, ma era una pena struggente che cercava di respingere prendendosela con la principessa.

«È tutta colpa tua se mi sento così, guarda cosa stai combinando!» le disse arrabbiato.

«Io non voglio farti del male, voglio solo aiutarti.»

Flavio provò in ogni modo ad allontanare l'angoscia, ma altri ricordi riaffiorarono e gli mostrarono l'immagine nebulosa di un bambino che non riusciva ancora a riconoscere.

Febe, che guardava attonita il ragazzo in preda alla confusione, si avvicinò a lui e lo strinse forte. Flavio cercò di allontanarla ma, troppo esausto per lottare, finì per abbandonarsi al suo abbraccio.

«Cosa ti tormenta?» gli chiese dolcemente lei.

Flavio non volle confidarle ciò che aveva intravisto, poiché non era solito svelare i propri pensieri più profondi né le proprie emozioni, ma non poté trattenere qualche lacrima che sgorgò senza preavviso sul suo volto.

«Hai per caso ricordato chi è Adele?» insistette Febe.

«Adele è il nome di mia madre.»

«Tua madre?! Ma com'è possibile che tua madre abbia rinchiuso un piccolino nell'oscurità?»

Flavio, che si era appena quietato, percepì un forte dolore al cuore. Comparve una nuova immagine, un po' più nitida, di due bambini che correvano nel buio. Essendo però voltati di spalle, non riuscì a riconoscerne i volti.

«Basta!» gridò il ragazzo, esausto. «Non voglio più stare a sentirti!»

Febe capì che Flavio era troppo agitato e rimase ad ascoltarlo in silenzio.

«Mia madre non ha rinchiuso nessun bambino!» sbraitava lui, allontanandola bruscamente. «La mia custode ha sacrificato tutta la sua vita per donarmi le meraviglie del mio giardino e tu non sei degna di pronunciare il suo nome, hai capito?!»

La fanciulla cominciò a indietreggiare, spaventata dalla violenta reazione.

«Da quando sei entrata dentro di me hai creato solo problemi e portato caos nel mio mondo perfetto! Ora devi andartene!» inveì Flavio.

«Ma io volevo solo aiutarti...»

«Vattene subito! Io non ti ho mai chiesto di aiutarmi!»

In quell'istante l'anima di Febe cominciò a tremare, come se in lei si stesse scatenando un terremoto. Il sogno di poter trovare il tesoro tanto atteso era di nuovo andato in frantumi. Facendosi forza si incamminò verso l'uscita del mondo di Flavio, ma cadde a terra più volte, sovrastata dal peso del fallimento. Le gambe si muovevano senza saper bene dove andare, gli occhi non vedevano altro che il vuoto. Al pensiero di tornare nel suo giardino, che ormai era diventato un luogo sconosciuto, fu colta dallo smarrimento.

Ma non osò girarsi verso Flavio per timore di vedere l'immagine della Principessa sgretolarsi dentro i suoi occhi, gli stessi che un tempo l'avevano scelta e salvata dalla solitudine della sua esistenza.

11

La creazione del labirinto

Un legame dalle fragili radici

Inaspettata mancanza

Flavio osservò con sollievo la fanciulla che si allontanava. Con Febe se ne sarebbero andati anche i tormenti, le visioni e lo strazio che le sue parole avevano provocato. L'avrebbe dimenticata velocemente e avrebbe potuto tornare a dedicarsi alla cura dei suoi giardini e alle sue scalate, proprio come prima.

Si avviò in cerca di una nuova principessa da ospitare, con le solite parole in tasca. Passo dopo passo perlustrò la zona circostante e incontrò molti sguardi, ma nessuno sembrava emanare la luce che stava cercando. Così proseguì nel suo cammino esplorando altri luoghi, alcuni dei quali mai visitati. Negli occhi che incontrava mancava sempre qualcosa, e Flavio non capiva come mai questa volta la sua ricerca fosse tanto affannosa.

Molte fanciulle lo guardarono invitandolo a entrare nelle loro pupille, ma nessuna riuscì a convincerlo, così Flavio si spinse sempre più lontano. Dopo aver visitato ogni possibile territorio, rincasò in solitudine, stupito di non aver scovato nulla di speciale. Si rincuorò pensando che il giorno successivo sarebbe andata meglio e si mise a coltivare i propri giardini, per renderli impeccabili in previsione dei nuovi occhi che presto li avrebbero ammirati.

Tuttavia, non riuscì a impegnarsi come al solito poiché dentro di sé percepiva qualcosa che rendeva i suoi gesti più lenti e la mente più distratta, disturbata da un pensiero fisso che gli impediva di concentrarsi sugli arbusti da potare. Persino il suo sguardo sembrava diverso, come se non riuscisse a cogliere la bellezza del suo mondo, che pareva meno luminoso. Improvvisamente comprese che ciò che stava provando era la mancanza, la mancanza di Febe.

Cercò di respingere in ogni modo quella strana emozione, che non aveva mai sentito nei confronti di una principessa, ma invano. Si rese conto che le fanciulle che aveva adocchiato non potevano andar bene perché non stava cercando uno sguardo qualunque; desiderava entrare negli occhi di Febe, gli unici in grado di sprigionare una luce capace di abbagliarlo.

La ragazza aveva riempito il suo mondo con la pazienza, l'audacia e la voglia di conoscerlo nel profondo, ed era riuscita a toccare qualcosa dentro di lui che ora non poteva più far tacere. Flavio voleva cercarla, ma tentò di spegnere l'impulso ripensando a tutte le volte in cui Febe aveva messo a soqquadro la sua anima, provocandogli confusione e irritazione. Nonostante i molti motivi che avrebbero dovuto convincerlo a starle alla larga, una parte di lui, forse quella che la fanciulla aveva svegliato, desiderava riportarla dentro di sé.

Arrendendosi al bisogno di riaverla, Flavio uscì nel pieno della notte per convincerla a tornare. Percorse velocemente la via lungo cui l'aveva incontrata la prima volta e, con il cuore palpitante come mai l'aveva sentito, scandagliò ogni angolo del sentiero, smanioso di rivedere la luce del suo sguardo.

I suoi battiti cominciarono a placarsi solo quando scorse un luccichio in lontananza che sembrava provenire da una sagoma appollaiata al lato della strada.

Il ragazzo si avvicinò e, fingendosi stupito di incontrarla, disse a Febe: «Cosa fai qui seduta, Principessa?»

La fanciulla, che non riusciva a credere a ciò che stava udendo, guardò il bellissimo volto di Flavio. «Non ho trovato la forza di rientrare nel mio giardino perché l'unico luogo in cui voglio stare è dentro di te» rispose.

«Ti riporto a casa» disse lui. Senza aggiungere parole, sollevò da terra la ragazza, la prese tra le braccia e la ricondusse dentro la propria anima, impaziente di scaldarsi di nuovo con lo splendore dei suoi occhi.

Il labirinto del cuore

Flavio e Febe tornarono insieme perché l'uno non riusciva più a fare a meno dell'altra. La principessa non voleva ricominciare a prendersi cura del suo giardino, che sentiva sempre più misero e insignificante da quando l'aveva abbandonato per dedicarsi all'avventuroso mondo di Flavio. L'idea di non nutrire il terreno della propria anima attraverso la linfa contenuta nelle parole del ragazzo la gettava nella disperazione.

Flavio, dal canto suo, non voleva sostituire Febe con nessun'altra principessa, perché solo lei possedeva occhi tanto abili nello scavare dentro le sue profondità e una luce unica, che soltanto il suo sguardo poteva emanare.

Dopo essersi separati, Flavio e Febe non furono capaci di andare avanti con le proprie vite e, nell'istante stesso in cui si allontanarono, la loro esistenza rimase sospesa aspettando che l'altro ritornasse a farne parte.

Tuttavia, nonostante entrambi fossero fortemente intenzionati a restare insieme, si trovarono a dover costruire un percorso di coppia senza avere un'idea chiara di come fare. I custodi non avevano insegnato loro come rendere solido un cammino di vita comune, né come riuscire a dedicarsi alla cura dell'altro senza trascurare il proprio giardino.

Flavio non aveva mai osservato i suoi genitori passeggiare tenendosi per mano, né aveva mai visto la mamma coltivare il giardino del padre. Al contrario, nelle brevi visite che Adele faceva al marito, il figlio la sentiva muovere critiche e avanzare continue richieste di abbellimenti, come se l'anima di Massimo non fosse mai all'altezza delle sue aspettative. Il padre, invece, sembrava essersi isolato dentro il suo mondo, che tentava di rendere sempre più portentoso nella convinzione che prima o poi la moglie e il figlio l'avrebbero apprezzato.

Adele aveva insegnato a Flavio come procurarsi l'ammirazione e come coltivare giardini perfetti, ma non aveva saputo spiegargli come si costruisce la strada dell'amore, poiché neppure lei l'aveva mai percorsa dentro i suoi genitori. Massimo, invece, gli aveva mostrato solo l'arte di tenere in piedi castelli in procinto di crollare.

Nemmeno Febe sapeva granché sui percorsi di coppia, perché dai suoi custodi non aveva appreso altro che l'importanza di camminare insieme a qualunque costo, anche desiderando compiere tragitti differenti.

La madre aveva continuato ad avanzare al fianco del marito, seppur appesantita dalla delusione di aver rinunciato alla ricerca del tesoro a causa dei muri scoperti dentro di lui. Il padre si era affannato a trovare il modo di far tornare negli occhi della moglie lo stupore di bambina che l'aveva ammaliato, costruendo per lei grandi strade verso il successo che tuttavia erano servite solo ad allontanarli di più, a tal punto che qualche volta Andrea aveva percorso sentieri con nuove compagnie.

Angelica non era riuscita a proteggere Febe dai propri segreti, malamente nascosti dietro staccionate troppo fragili, e senza volerlo aveva indotto la figlia ad apprendere la cura del giardino altrui, ma non le aveva insegnato come coltivare il proprio né come edificare il percorso dell'amore, poiché il suo si era interrotto in tenera età.

Andrea invece aveva sempre tenuto Febe a distanza, per farle imparare come proteggersi dai pericoli della vicinanza che lui stesso aveva dovuto affrontare quando, ancora molto piccolo, aveva rischiato di cadere dentro i burroni della fragile anima della madre.

Così i ragazzi, pur non sapendo come instaurare una solida

vita insieme, si cimentarono nella costruzione del percorso di coppia con gli strumenti che avevano a disposizione.

Flavio cominciò a tracciare la prima parte del cammino. Per lui era importante che non richiedesse troppo impegno, così da non compromettere la coltivazione dei suoi giardini e la scalata delle vette. Seguendo queste esigenze e la sua idea di amore, creò senza troppo impegno una stradina posta ai bordi della sua anima.

Febe fece finta di accettare l'idea della minuscola via ai margini del mondo ma, non appena Flavio si allontanò, si mise all'opera per trasformarla in un viale imponente, certa che sarebbe riuscita a convincerlo a fare più spazio all'amore dentro di sé.

Tuttavia, quando il ragazzo tornò, si accorse che la strada era stata allargata e si infuriò. In tutta fretta, eresse un muro dinanzi al percorso per impedire a Febe di ampliare la via dell'amore.

La fanciulla, che aveva agito con buone intenzioni, si sentì ferita e si rabbuiò all'istante. Per aiutarla a ritrovare la luce, il giorno seguente Flavio le fece una sorpresa, edificando un nuovo pezzo di cammino in salita che li avrebbe condotti alla ricchezza. Dall'alto del loro prestigio sarebbero stati felici e ammirati da tutti.

Febe finse di apprezzare la sua nuova opera per non turbarlo. Però, non appena Flavio riprese la coltivazione dei suoi prati, lei cercò di mitigare la pendenza della strada, spaventata all'idea che, se fossero saliti troppo rispetto agli altri, nessuno avrebbe potuto raggiungerli e sarebbero rimasti soli.

Di nuovo Flavio andò in collera quando si accorse del cambiamento, e costruì un altro muro per ostacolare il tentativo di Febe di portarlo in basso.

La fanciulla si dispiacque per aver fatto arrabbiare Flavio e provò a rimediare lastricando a sua insaputa un nuovo pezzo di percorso con tutte le ore di affetto che sarebbe stata pronta a donargli, ma quando il ragazzo lo vide non riuscì a cogliere nulla di bello in quel tragitto prezioso. Lo percepì, anzi, come un modo astuto per estorcergli tempo, e innalzò un nuovo muro per dimezzare gli attimi riservati ai sentimenti.

Flavio rilanciò il percorso costruendo un'area molto comoda in cui la sua Principessa avrebbe potuto riposare in attesa del suo rientro, e per la prima volta Febe sembrò apprezzare la sua proposta, attratta dall'agio che il ragazzo era stato capace di progettare per lei. Ma si accorse che quando sostava in quel luogo si sentiva triste poiché, rinchiusa lì dentro, non aveva la possibilità di vedere il suo amato.

La fanciulla pensò così di uscire e di raggiungerlo nei suoi giardini, facendo irritare Flavio che, sentendo che la sua creazione non veniva apprezzata, la distrusse sostituendola con un altro muro.

Febe, che odiava le barriere, cominciò a piangere vedendo la costruzione sgraziata che si era formata e Flavio, che non poteva fare a meno della luce dei suoi occhi, provò a rimediare coprendo i muri di edera. Ma il risultato non fece altro che peggiorare lo sconforto della principessa, poiché la siepe aveva nascosto anche il percorso.

I ragazzi fecero numerosi tentativi per sviluppare il loro cammino, ma l'unica cosa che riuscirono a costruire fu un dedalo di viottoli senza uscita che non conducevano in alcun luogo.

Le creazioni di Flavio venivano fintamente accettate da Febe che, a sua insaputa, tentava di trasformarle per indurre il ragazzo ad avvicinarsi al progetto d'amore che lei aveva in mente, e ogni volta Flavio reagiva elevando muri per spingerla a smettere. Febe, che non era solita arrendersi, rilanciava con una nuova proposta nella speranza di convincere Flavio a trascorrere più tempo insieme, ma lui interpretava l'iniziativa come una subdola manovra per estorcergli le energie necessarie alla cura dei suoi giardini, provocando una rabbia enorme che lo induceva a edificare altre barriere.

Nessuno dei due voleva abbandonare l'impresa, non riuscendo più a pensare a un percorso di vita senza l'altro, e così, strada dopo strada, muro dopo muro, non si resero conto di quanto stesse diventando pericolosa la loro creazione. Invece di costruire una strada capace di condurli verso il futuro, innalzarono un labirinto nel quale si persero e furono costretti a fermarsi, non riuscendo a trovare il modo di uscire da ciò che loro stessi avevano edificato.

12

La ricerca di una via d'uscita

I principi dell'amore sano

Un grido d'aiuto

Rinchiusi nella prigione costruita con le loro stesse mani, Flavio e Febe iniziarono a disperarsi e a vagare per le strade alla ricerca di una via d'uscita che non si trovava. Tentarono in ogni modo di scovare una traccia che li conducesse alla libertà, ma qualunque sentiero sembrava riportarli al punto di partenza.

Febe, che sapeva come oltrepassare i muri, provò più volte ad arrampicarsi sui tralci d'edera per scorgere una soluzione dall'alto, ma le barriere erette da Flavio erano troppo elevate e non riusciva a scalarle.

La paura di non essere in grado di risolvere il garbuglio in cui erano rimasti bloccati prese il sopravvento e i ragazzi, invece di restare uniti nelle difficoltà, cominciarono a incolparsi a vicenda.

«Se non avessi cercato di modificare le mie strade di continuo, non ci troveremmo in questa situazione!» ripeteva Flavio, che per la prima volta si trovava intrappolato in una relazione.

«Se tu non ti fossi opposto costruendo nuovi muri, non avremmo creato questo groviglio!» rispondeva Febe, rammaricata per quel rancore.

«Tu volevi tracciare dentro di me percorsi che non potevo darti.»

«Io volevo solo ampliare la strada dell'amore.»

«Sapevi che non potevo concedere troppo spazio al percorso di coppia, ti ho avvertita quando abbiamo cominciato a costruirlo insieme!»

«Io speravo che la gioia di restare con me ti avrebbe fatto cambiare idea!» ammise Febe.

I ragazzi continuarono a addossarsi la colpa per la mostruosità che avevano creato, ma il rancore non fece che inasprire i loro cuori rendendoli sempre più fragili. Il labirinto non permetteva loro di avanzare in nessuna direzione, né di separarsi per tornare ognuno alla coltivazione del proprio giardino.

Le loro anime, che non potevano più nutrirsi, non tardarono a farsi sentire provocando terremoti. Il terreno di Febe era sempre più assetato, poiché da tempo non riceveva la linfa delle parole di Flavio. Anche il suolo del ragazzo, privato della luce dell'ammirazione, aveva cominciato a inaridirsi.

Per l'ennesima volta, provarono a imboccare la strada dinanzi a loro. A entrambi pareva di non averla mai percorsa e per un attimo sperarono che potesse essere quella buona, ma si trovarono di nuovo di fronte a un muro.

Febe era affranta ed esausta, Flavio a un passo dal crollo che l'avrebbe spinto a cedere al sonno profondo.

In quel momento alla fanciulla fu chiaro che non avrebbero mai potuto farcela da soli, e così, con le pochissime forze rimaste, cominciò a chiedere aiuto a gran voce, affinché qualcuno si accorgesse della trappola in cui erano rimaste incastrate le loro vite.

«Aiutateci!» urlò Febe il più forte possibile. «Siamo imprigionati in un labirinto e non troviamo una via d'uscita.» La sua debole voce non riusciva a oltrepassare la soglia del mondo nel quale si erano rinchiusi, ma la principessa non si diede per vinta: «Siamo qui, nascosti dietro questi muri ricoperti di siepi, e non sappiamo come abbatterli.»

Le parole «muri» e «abbatterli» arrivarono all'orecchio di qualcuno che conosceva bene la fatica di trovarsi di fronte a barriere invalicabili. La persona si avvicinò all'uscio dell'anima dalla quale proveniva la richiesta di aiuto.

«Ti ho sentito!» rispose una voce femminile. «Cos'è successo? Come mai sei imprigionata?»

Febe provò l'enorme sollievo di essere ascoltata e si fece forza: «Io e il mio ragazzo abbiamo provato a costruire il percorso del nostro amore, ma qualcosa è andato storto e, invece di creare una via verso la felicità, abbiamo edificato un groviglio di strade confuse e ora non sappiamo come uscirne.»

«Capisco» disse la donna. «Tempo fa mi è capitata la medesima cosa, ma esiste un modo per venirne fuori!»

«Davvero?» rispose Febe sempre più rincuorata. «Cosa dobbiamo fare?»

«Purtroppo io non sono capace di liberarvi, ma esiste qualcuno che può farlo.»

«Come possiamo trovare questa persona?»

«La condurrò io da voi.»

Febe sentì la speranza sgorgare dall'anima e con essa un'immensa gratitudine verso la sconosciuta che si era interessata a loro. «Non so come ringraziarti!»

«Vi aiuterò volentieri. Se qualcuno l'avesse fatto con me quando ne avevo bisogno, sarei uscita molto prima dai miei labirinti.»

«Dimmi il tuo nome. Una volta uscita da qui ti cercherò per sdebitarmi.»

«Io mi chiamo Chiara, ma il modo migliore per ricambiare il favore è promettermi che farai la stessa cosa se, lungo il cammino della tua vita, incontrerai qualcuno in difficoltà.»

«Lo farò!» rispose Febe, che non avrebbe mai dimenticato la promessa stretta con la donna, capace di rischiarare la sua esistenza in un momento in cui sembrava non esserci più alcuna via d'uscita.

L'Apriporte

«Flavio, arriverà qualcuno che saprà condurci fuori da qui!» disse Febe al ragazzo, per nutrire la sua anima con un po' di speranza e sostenerlo prima che crollasse.

«Non credo che esista una persona capace di trovare una via d'uscita» rispose Flavio scettico.

«Chiara mi ha assicurato che porterà qui qualcuno che sarà in grado di liberarci.»

«Vedremo.»

Mentre i giovani si interrogavano sulla figura che Chiara avrebbe mandato, furono interrotti dalla voce calda e accogliente di una donna: «Siete voi la coppia intrappolata nel labirinto?»

«Sì, siamo noi, Febe e Flavio!» urlò la fanciulla con il cuore trepidante. «Ti stavamo aspettando!»

«Prima di avvicinarmi è necessario che vi racconti chi sono e cosa potrebbe accadere se decidete di farmi entrare nel vostro mondo, così potrete scegliere se accogliermi o lasciarmi fuori» spiegò la figura misteriosa.

I due accettarono e si misero in ascolto.

«Il mio nome è Vera, ma raramente le persone se lo ricordano, poiché tutti mi conoscono come l'Apriporte» iniziò lei. «Fin da piccola sapevo di possedere un talento particolare, quello di forgiare chiavi speciali capaci di aprire le porte invisibili nascoste nei muri. Ma non tutti sono pronti a usare le chiavi che dono, perché spesso si lasciano spaventare da ciò che potrebbero trovare oltre il muro.»

Il discorso raggiungeva l'anima dei ragazzi, facendoli tremare.

«Se deciderete di farmi entrare vi farò molte domande, e con le vostre risposte forgerò le chiavi per aprire le porte dei vostri muri.»

Fu Febe a rompere il silenzio: «Sono pronta a rispondere a qualunque domanda, purché tu ci faccia uscire dal labirinto!»

«Non sarà così semplice, Febe. Vi chiederò molte cose: alcune saranno difficili, altre potrebbero persino provocarvi dolore, ma avrò bisogno delle vostre risposte per creare le chiavi.»

«Io ci proverò» affermò la ragazza decisa.

«Va bene» replicò l'Apriporte, rimanendo poi in attesa della reazione di Flavio, che non aveva ancora parlato.

Il ragazzo faticava a prendere una decisione e, sentendolo titubante, Febe si espresse al suo posto: «Anche lui risponderà alle domande che farai, altrimenti...»

La donna la interruppe: «Quando io chiederò qualcosa a uno di voi, l'altro dovrà stare in silenzio e si impegnerà a non interferire. E questa regola varrà per l'intero percorso che compiremo insieme.»

«Va bene, non succederà più» promise Febe.

L'Apriporte aspettò la risposta di Flavio, senza la quale non avrebbe potuto cominciare il suo lavoro.

Il ragazzo non voleva ammettere di aver bisogno di aiuto, ma sapeva di non avere altra scelta. «Ci proverò anch'io» acconsentì alla fine.

L'Apriporte percepì che Flavio non era pienamente convinto, ma non era la prima volta che incontrava persone come lui, restie a mostrare le proprie fragilità. Sapeva anche che sarebbe stato arduo forgiare le sue chiavi, ma avrebbe cercato in ogni modo di aiutarlo a trovare le risposte dentro di sé.

Non sarebbe stato semplice nemmeno plasmare le chiavi di Febe, poiché aveva imparato che le ragazze come lei erano abili nell'affrontare le imprese più temibili dentro le anime degli altri, ma tendevano a fuggire quando veniva chiesto loro di occuparsi del proprio giardino.

Consapevole delle fatiche che avrebbero condiviso, la donna accettò l'incarico. Prima di mettersi al lavoro li esortò a rispettare una seconda regola, senza la quale le chiavi non avrebbero potuto funzionare.

«Le risposte alle mie domande dovranno essere autentiche e sincere» li avvertì. «Se non mi direte la verità, le chiavi non apriranno le porte invisibili nascoste nei vostri muri.»

«Sarò sincera» promise Febe, impaziente di cominciare.

«Anch'io» replicò Flavio, desideroso di uscire da quella prigione.

L'Apriporte si avvicinò al groviglio di strade che aveva inghiottito i ragazzi, perché potessero sentire nitidamente la sua voce, poi formulò la prima domanda.

«Come avete costruito questo labirinto?»

Naturalmente fu Febe la prima a prendere la parola, illustrando in modo dettagliato cosa, secondo lei, aveva ostacolato la creazione della strada dell'amore trasformandola in un percorso senza direzione. «Ho tentato di tracciare dentro Flavio un viale grande come il mio amore per lui, e ho provato a fargli comprendere che un viottolo sul bordo del suo cuore non ci avrebbe portato molto lontano.»

«Capisco» annuì l'Apriporte.

«Poi ho modificato la pendenza della strada che lui aveva creato, perché mi piaceva pensare che fosse più bello passeggiare in compagnia di altre persone invece che porci al di sopra per farci ammirare» continuò Febe, «e ho cercato di offrirgli un percorso lastricato dalle ore di affetto che gli avrei donato, ma anche questo l'ha fatto arrabbiare.»

L'Apriporte l'ascoltava per captare le parole che le sarebbero servite a forgiare la chiave.

«A ogni proposta Flavio si infuriava, costruendo muri per bloccare i miei tentativi e cambiare la direzione del nostro percorso» concluse Febe con voce sempre più dimessa.

La ragazza attendeva che l'Apriporte rispondesse, magari elogiando l'impegno con il quale aveva tentato di convincere il suo ragazzo a concedere più spazio e più tempo all'amore. La donna invece non disse nulla e si limitò a chiedere il punto di vista di Flavio.

«Le cose non sono andate così!» protestò lui. «Quando abbiamo cominciato il cammino ho chiarito che non avrei potuto dedicare troppo tempo alla costruzione della strada dell'amore: la scalata delle vette mi impegna molto. Né avrei potuto offrire troppo spazio nel mio giardino, che è già colmo di piante da curare. Febe aveva accettato le mie condizioni, ma quando rientravo dalle mie imprese scoprivo che aveva trasformato il percorso a mia insaputa.» Il suo tono si faceva via via più animato. «Questo mi faceva infuriare. Per fare capire a Febe che non avrei potuto darle la strada che chiedeva, ho edificato un muro per bloccare il suo tentativo di costruirla.»

L'Apriporte, che memorizzava ogni sillaba, esortò il ragazzo a finire la sua storia.

«Ogni volta che tracciavo una via, Febe fingeva di apprezzarla, poi di nascosto la deviava o la cambiava in qualcosa di diverso. Per fermare le sue manovre, sono stato costretto a erigere altri muri» concluse Flavio.

Anche il ragazzo si aspettava che l'Apriporte commentasse, magari rimproverando Febe per averlo provocato, ma la donna formulò una nuova domanda.

«Ora ti porrò un quesito molto importante, Febe. Prenditi tutto il tempo che ti serve per rispondere.»

«Va bene» fece lei con una certa preoccupazione.

«Cosa ha fatto fallire i tuoi tentativi di convincere Flavio a dedicare più spazio all'amore?»

Contrariamente al solito, Febe non riuscì a mettere subito a fuoco la risposta ed espresse il pensiero che la sua mente le suggeriva. «Forse non sono stata abbastanza abile nel costruire strade così belle da convincerlo a seguirmi.»

«Con le tue parole ho plasmato la prima chiave. La troverai nella tua mano» le disse l'Apriporte.

Febe aprì il palmo e osservò la chiave piena di meraviglia.

«Ora avvicinala al muro che hai di fronte. Se compare una porta, significa che la tua risposta è quella giusta.»

La fanciulla obbedì, ma non comparve nessuna porta.

«Non c'è nessuna porta qui!» esclamò delusa.

«Allora la tua risposta non era giusta e io ho forgiato una chiave che non può aprire nulla. Prova a cercarne un'altra. Non avere fretta» le raccomandò la donna.

«E se non la conosco, la risposta giusta? Se non riesco a trovarla?» chiese Febe sconfortata.

«Tu la sai, è dentro di te, devi solo imparare a scoprirla; ti guiderò io.» L'Apriporte ripeté la domanda con parole nuove che potessero aiutarla: «Perché hai insistito nel trasformare le strade di Flavio, anche se lui ti aveva detto di non poterti offrire il percorso che volevi?»

Il quesito provocò una strana commozione dentro Febe, liberando una risposta diversa da quella precedente. «Perché pensavo che il mio amore fosse così potente da abbattere i muri e non ho voluto fermarmi, certa che prima o poi sarei riuscita a ottenere da lui il tempo e lo spazio di cui avevo bisogno.»

L'Apriporte forgiò una nuova chiave. «Prova ad avvicinare questa al muro. Ora dovresti vedere la porta» disse la donna, che sapeva riconoscere il suono delle parole capaci di plasmare chiavi funzionanti.

Febe avanzò e vide comparire la porta dinanzi a sé.

«Funziona!» si rallegrò.

«Apri la porta» l'esortò la donna. «Potrai oltrepassare il primo muro che ti separa dalla libertà.»

Mentre lo attraversava, Febe avvertì uno strano fastidio provenire dal centro della sua anima.

«Ho varcato la soglia, ma ho sentito qualcosa di strano.»

«Non preoccuparti» rispose l'Apriporte. «È tutto normale. Ricordati di tenere sempre con te la chiave, perché potrebbe servirti ancora.»

«La conserverò. Ora cosa devo fare?»

«Dovrai rispondere a un'altra domanda. Dove hai imparato che l'amore si ottiene cambiando il mondo dell'altro?»

Quelle parole colpirono Febe. Si mise a scavare nei luoghi più profondi di se stessa alla ricerca della risposta, che ormai sapeva essere nascosta da qualche parte dentro di lei. «Quando entrai per la prima volta dentro la mia custode, incamminandomi alla ricerca di me stessa» ammise la ragazza dopo aver scandagliato la sua anima, «trovai muri inaspettati che nascondevano cose molto brutte. Pensai che l'unico modo per ottenere la sua attenzione e il suo amore fosse migliorare il suo mondo, così iniziai a dedicarmi alla cura dei suoi giardini, certa che prima o poi sarei stata ricompensata con il mio tesoro.»

«Capisco» affermò l'Apriporte, posando nelle mani della ragazza la seconda chiave. Febe l'avvicinò al muro e di nuovo oltrepassò l'ostacolo che la bloccava.

«Hai cercato di fare la stessa cosa dentro Flavio?» proseguì la donna. «Hai creduto che cambiando la sua anima ti avrebbe ricompensato dandoti l'amore e l'attenzione di cui avevi bisogno?»

«Sì, è così» rifletté Febe, che cominciava a comprendere il senso delle proprie azioni. «E ho sperato di salire sulle alte vette che lui vorrebbe raggiungere, proprio come speravo di poter fare con mio padre scalando la cima che scorgevo dentro di lui.»

L'Apriporte creò una terza chiave e la ragazza riuscì ad attraversare un altro muro, ma più si avvicinava all'uscita, più percepiva un dolore proveniente dal profondo.

«Sei stata molto brava» si complimentò dolcemente la donna. «Hai saputo cercare la verità nascosta dentro di te e, anche se scavare nel terreno dell'anima ti sta facendo soffrire, questa capacità ti aiuterà a trovare una via d'uscita.»

Febe la ringraziò per l'incoraggiamento, anche se la sua voce tradiva una certa stanchezza.

«Ti devo porre un'ultima domanda, ma ci fermeremo un istante perché tu possa riposare e riprendere fiato.»

Mentre la fanciulla riacquistava le forze, Flavio la osservava attonito: per la prima volta intravedeva un'intenzione diversa dietro i suoi tentativi di trasformare le strade. Dovette anche ricredersi sulle abilità dell'Apriporte, ma dentro di sé continuava a dubitare che fosse in grado di fabbricare le chiavi per i suoi impenetrabili muri.

L'ultima chiave

Quando finalmente si fu ripresa, Febe pregò l'Apriporte di porle il quesito. Con la sua voce rassicurante, la donna le chiese di compiere un ultimo sforzo: «Perché hai abbandonato la tua anima e ti sei rifugiata nel mondo di un'altra persona?»

La ragazza rimase quasi paralizzata dinanzi a quell'interrogativo, intuendo che racchiudeva il cuore del suo problema. Determinata a uscire dal labirinto, indagò comunque coraggiosamente dentro di sé e alla fine, dopo un'attenta ricerca che fece sgorgare alcune lacrime, scovò una risposta incastrata tra le radici dei suoi arbusti: «Nella mia anima ci sono solo desolazione e pochi alberelli insignificanti che io non so come nutrire: per questo ho preferito scappare.»

«Lo so» disse l'Apriporte come se si aspettasse di sentire quelle parole, poi si mise all'opera per forgiare la quarta chiave. «Dedicarsi alla cura del proprio giardino è molto difficile quando ci si sente soli e impauriti.»

Le lacrime di Febe divennero un pianto dirotto. L'Apriporte attese dolcemente che la principessa finisse di sfogarsi, poi le consegnò la chiave. La ragazza la prese di slancio e aprì con scioltezza l'ultima porta, ma scoprì con stupore che ad attenderla c'era un'altra parete.

«Troverai un altro muro» confermò la donna, che conosceva bene la struttura del labirinto. «L'ultima porta potrà essere aperta solo se la spingerete insieme, ma prima dovrò aiutare Flavio a raggiungerti.»

Febe annuì e si sedette in silenzio, lasciando spazio al suo amato.

«Sei pronto?» chiese l'Apriporte al ragazzo. «Non devi avere fretta, prenditi tutto il tempo necessario. Il percorso che vuoi intraprendere richiede onestà e attenzione» gli ricordò.

«Sono pronto» confermò lui.

«Perché hai cercato di mettere Febe a tacere, spaventandola con muri di rabbia, quando ti chiedeva di trascorrere più tempo insieme a lei?»

«Mi sembrava di averlo già chiarito» sbuffò il giovane. «Non posso concedere troppo tempo a lei perché sono molto impegnato nella scalata delle vette e nella cura dei miei giardini!»

Senza ribattere, l'Apriporte forgiò la prima chiave e invitò Flavio ad avvicinarsi al muro. Ma non comparve alcuna porta.

«Non è la risposta corretta» spiegò la donna. «Prova a cercare meglio, sicuramente è nascosta dentro di te.» Poi, come aveva fatto con Febe, riformulò la domanda con nuove parole che potessero guidarlo: «Cosa accadrebbe alla tua anima se tu accettassi le proposte di Febe?»

«Io non posso distrarmi perché il mio mondo potrebbe crollare» replicò Flavio sempre più infastidito.

L'Apriporte forgiò una nuova chiave, incoraggiandolo a fare un secondo tentativo, e questa volta funzionò. Flavio oltrepassò la porta con passo sicuro.

«Molto bene, stai cercando le risposte nel posto giusto» lo spronò la donna. «Cosa rischia il tuo mondo se non te ne occupi?»

Flavio si prese qualche istante per riflettere. «Rischia di crollare, e di conseguenza crollerebbero tutti i miei sacrifici. Fin da piccolo ho dovuto impegnarmi per rendere impeccabili i miei giardini, perché solo così potevo ricevere l'ammirazione che serve per tenerli vivi e farli risplendere.»

L'Apriporte raccolse la preziosa frase e plasmò la seconda chiave. Appena Flavio si avvicinò, comparve una porta che varcò facilmente.

«Ho bisogno di farti altre domande per procedere» l'avvertì la donna.

«Va bene» si limitò a dire lui, che avvertiva strane sensazioni dentro di sé.

«Come mai hai costruito un mondo così fragile, implacabile e pretenzioso, nel quale non c'è uno spazio adeguato per coltivare gli affetti?»

La domanda lasciò Flavio senza parole e lo costrinse a ragionare su qualcosa che non avrebbe mai voluto affrontare. Questa volta ebbe bisogno di qualche minuto in più prima di trovare la risposta: «Il mio mondo non l'ho creato io.»

L'Apriporte, con rispettoso silenzio, afferrò ogni sillaba per modellare la terza chiave, e subito comparve una nuova porta.

Flavio si sentiva frastornato da ciò che stava vivendo e anche lui, come Febe, avvertiva fitte dolorose provenienti dall'anima, ma era deciso a proseguire pur di uscire dal labirinto.

«Te la senti di andare avanti?» chiese pacatamente la donna.

«Procediamo» annuì Flavio.

«Vuoi svelarmi chi ha costruito il tuo mondo al posto tuo?»

Flavio faticò a far uscire la risposta, come se volesse nascondere a ogni costo il nome che avrebbe potuto aprire un'altra porta. «È stata Adele, mia madre» ammise alla fine.

«Capisco» rispose l'Apriporte. E mentre iniziava a forgiare la quarta chiave, chiese: «Forse tua madre desiderava creare per te un mondo perfetto per renderti felice, ma non si è accorta del pesante fardello racchiuso nel suo dono?»

«Penso sia così» rispose Flavio. «Quando ero bambino, mia mamma mi spiegò che le persone non sono capaci di amare chi è imperfetto. Allora costruì per me un mondo impeccabile e mi trasmise l'arte di eliminare le debolezze dalla mia anima.»

La donna notò che Flavio si stupiva delle parole che uscivano dalla sua bocca. Attese in silenzio che proseguisse.

«Da mio padre invece imparai che i mondi vanno sorretti anche quando sono fragili e possono crollare.»

La donna accolse con gratitudine la sua confidenza e gli consegnò la quarta chiave. Il varco si aprì e Flavio si trovò di fianco a Febe dinanzi all'ultima porta. La fanciulla lo attendeva con occhi pieni di commozione.

«Perché piangi?» chiese Flavio sorpreso.

«Perché solo ora capisco che mettendo quei muri non volevi allontanare me, ma proteggere te stesso» rispose lei, che per la prima volta aveva colto il vero significato delle sue azioni.

I ragazzi si sentivano stanchi poiché avevano scavato a fondo nelle loro anime. Le verità che avevano portato alla luce, però, erano riuscite a placare la rabbia che nutrivano l'uno verso l'altra, ristabilendo la pace tra di loro.

L'Apriporte li aveva aiutati a spostare lo sguardo su se stessi e a comprendere le motivazioni che li avevano condotti a creare il pauroso labirinto in cui erano rimasti imprigionati. Ora, dinanzi all'ultima porta, i giovani attendevano trepidanti di scoprire cosa avrebbero dovuto fare per spalancarla insieme.

«Adesso vi svelerò tre principi fondamentali che dovrete portare con voi se riuscirete a uscire da qui» iniziò la donna con voce solenne. Si rivolse per prima a Febe: «Quanto ti è accaduto dovrà servirti per ricordare tre cose importanti. La prima è che la strada dell'amore non si può edificare sulla speranza che l'altro cambi. La seconda è che i tuoi tentativi di salvare chi ami abbattendo i suoi muri possono mettere in pericolo te stessa e anche l'altro, se non è pronto per accogliere il tuo aiuto.»

Febe ascoltava attenta per memorizzare.

«Infine» continuò l'Apriporte, «non puoi coltivare l'amore dentro l'anima degli altri se prima non trovi uno spazio per coltivarlo dentro di te.»

La ragazza comprese ogni parola e sentì che era tutto vero.

L'Apriporte si dedicò poi a Flavio: «Quanto ti è accaduto dovrà servirti per ricordare tre cose importanti. La prima è che la strada dell'amore non si può edificare sull'idea che sarà sufficiente dedicarle briciole di tempo ed energie, poiché il percorso insieme a un'altra persona richiede impegno e dedizione. La seconda è che non potrai mai essere felice né rendere felice qualcuno se continuerai a nasconderti dietro un muro.»

Flavio annuì convinto, pronto ad ascoltare l'ultima raccomandazione.

«Infine, non potrai mai esplorare la bellezza della libertà di amare qualcuno finché sarai schiavo di un mondo fragile dal quale non puoi allontanarti.»

Il ragazzo comprese ogni parola e sentì che era tutto vero.

Flavio e Febe rimasero in silenzio per qualche istante, ripensando alle tre cose che non avrebbero mai dovuto dimenticare.

Quando fu certa che le sue parole avevano attecchito dentro di loro, l'Apriporte riprese: «Vi farò un'ultima domanda.

Se la vostra risposta sarà sincera, forgerò la chiave che aprirà la porta che avete di fronte.»

«Siamo pronti» dissero entrambi.

«Promettete di conservare le chiavi che ho forgiato per voi e di trovare uno spazio dentro la vostra anima per coltivare i tre principi fondamentali che non dovrete mai dimenticare?»

«Lo faremo» risposero i ragazzi, offrendo alla donna le parole con cui plasmò la chiave per l'ultima porta.

La difficile scelta

La risposta di Flavio e Febe era sincera e l'ultima chiave riuscì a spalancare la porta che li liberò dal labirinto. Fu così che videro per la prima volta il viso della donna che li aveva aiutati a uscire. Furono talmente colpiti dalla trasparenza dei suoi occhi e dal suo sguardo così intenso e pulito che intuirono perché fosse stata chiamata Vera.

«Come vi sentite?» domandò lei.

«Sto molto bene ora» sorrise Febe, ancora incredula di fronte alle straordinarie capacità dell'Apriporte. «Non so come ringraziarti per tutto quello che hai fatto per noi.»

Anche Flavio trovò parole di gratitudine per la misteriosa figura che era stata capace di creare varchi anche nei suoi muri più inaccessibili.

La donna accennò un lieve sorriso, poi disse: «Porgetemi le vostre mani.»

I ragazzi obbedirono e lei depose tre semi nei palmi di ciascuno di loro. «Ho riposto i tre principi fondamentali in questi piccoli semi, che vi dono perché possiate piantarli nel terreno delle vostre anime.»

«Grazie» ripeterono in coro Flavio e Febe, nascondendoli in un luogo sicuro dentro di loro.

L'Apriporte sorrise di nuovo, ma i suoi occhi limpidi, che non riuscivano a nascondere nulla, lasciarono trapelare le parole di avvertimento che li attendevano.

«Sono felice di avervi guidato fuori dal labirinto, ma il percorso di liberazione non è finito. Uscendo avete compreso molte cose su ciò che vi ha impedito di creare la strada dell'amore, ma non siete ancora pronti per cimentarvi nella costruzione di un nuovo tragitto.»

«Perché?» esclamò Febe, che immaginava di mettersi subito all'opera.

«Prima di ricominciare a edificare la vostra vita insieme dovrete coltivare con cura i tre semi nel terreno della vostra anima. Se riuscirete a farli germogliare, sarà il segnale che siete pronti per progettare il vostro percorso.»

«Ma noi lo faremo!» rispose Febe, che non era solita desistere, mentre Flavio restò immerso nei suoi pensieri.

«Non sarà così semplice» l'avvertì l'Apriporte. «Ma se vorrete starò al vostro fianco, per aiutarvi a superare gli ostacoli che incontrerete seminando i tre principi fondamentali.»

Febe comprese che la donna stava indicando loro come evitare di commettere sbagli che li avrebbero portati a costruire un altro labirinto. «Va bene» disse dopo averci riflettuto. «Accetto di farmi aiutare e di proseguire il cammino di liberazione.»

«D'accordo» rispose l'Apriporte, «ma prima di prendere la decisione definitiva, devo avvertirvi dei pericoli che potreste incontrare lungo il percorso.»

Flavio e Febe annuirono attenti.

«Per compiere questo cammino dovrete ritornare ciascuno nella propria anima, perché è necessario che impieghiate le vostre energie nella coltivazione dei tre principi. Prendendovene cura potreste scoprire cose di voi stessi che non vi sareste mai aspettati e che potranno turbarvi.» Esitò prima di rivelare la verità che li avrebbe spaventati di più. «E poi potreste capire che l'altro non è la persona giusta con la quale costruire la strada dell'amore.»

I due ragazzi abbassarono gli occhi, ma prima che potessero protestare l'Apriporte concluse: «Ora sapete tutto ciò che vi serve per valutare cosa desiderate fare.»

«Ho molta paura di quello che potrà accadere» sospirò infine Febe, «ma ci ho pensato e, arrivata a questo punto, voglio andare avanti e farmi aiutare a coltivare i tre principi.»

La donna annuì per rassicurare Febe che aveva fatto la scelta giusta. «E tu, Flavio?» gli chiese con delicatezza.

Come Febe, anche lui aveva ponderato la proposta. «Voglio provare da solo. Sono abile nella coltivazione e penso che potrò farcela senza aiuto.»

Febe lo guardò dispiaciuta. L'Apriporte invece non mostrò alcuno stupore e con un cenno impedì alla ragazza di intervenire. «Sono certa che tentare da solo ti sarà utile. Ma se mai dovessi trovarti in difficoltà, potrai sempre tornare per farti aiutare.»

Poi la donna salutò i ragazzi, dicendo loro che sarebbe tornata l'indomani, e li invitò a coricarsi per recuperare le forze. Li attendeva un lungo cammino dentro le loro anime.

13

La principessa salva se stessa

Il ritorno nell'anima di Febe

I prati non custoditi

Flavio e Febe si abbandonarono a un lungo riposo e, quando le loro palpebre si aprirono sul nuovo giorno, rivolsero un'ultima volta lo sguardo l'uno all'altra prima di separarsi.

«Buon viaggio, mia Principessa» la salutò Flavio, sfoggiando il sorriso del quale solo lui era capace.

«Ci rivedremo quando i nostri semi saranno sbocciati» rispose Febe, che non riusciva a trattenere il pianto.

Il ragazzo le asciugò le lacrime e poi le disse qualcosa di diverso dalle solite adulazioni: «So che tu riuscirai ad andare molto lontano, spero un giorno di raggiungerti.»

Febe non seppe cosa rispondere, ma i suoi occhi si colmarono di nuovo di lacrime quando vide Flavio allontanarsi all'orizzonte.

L'Apriporte, arrivata in quell'istante, li osservò salutarsi e il suo sguardo sincero era pieno del dolore che anche lei provava dinanzi al loro struggente addio.

Quando Flavio fu sparito, Febe si sentì profondamente smarrita, poiché per moltissimo tempo i suoi occhi non avevano guardato altro che lui e non sapeva dove rivolgerli.

«Non aver paura» la rincuorò l'Apriporte. «Se me lo permetterai, ti aiuterò a ritornare dentro te stessa.»

«Temo di non farcela» rispose Febe. Il terrore di rivedere il suo mondo dopo tanto tempo la bloccava.

«Non sei sola: rientreremo insieme e io rimarrò al tuo fianco.»

«Cosa dobbiamo fare?»

«Guardami, Febe, così potrò varcare i tuoi occhi e incamminarmi con te nella tua anima.»

I loro sguardi si incrociarono e la ragazza le permise di entrare.

«Ora andiamo» la invitò l'Apriporte tendendole la mano.

Febe la strinse e si avviò esitante. Procedeva con passo lento e incerto, ma la vicinanza della donna le infondeva coraggio.

La strada che conduceva al cuore della sua anima era più buia e più fredda di come se la ricordasse e, mentre si avvicinavano agli arbusti del suo prato, la ragazza avvertì qualcosa di strano.

«Cos'è successo?» esclamò. «Chi è stato a fare questo?»

«Cosa c'è?» chiese l'Apriporte.

«L'edera è ovunque. Qualsiasi cosa è coperta dall'edera e il mio mondo è diventato invisibile.»

«Prova a riflettere su cosa può essere accaduto» la esortò la donna.

La ragazza rimase pensierosa. «È stato Flavio a nascondere tutto con l'edera. Ricordo che, quando lo feci entrare la prima volta, toccò il suolo della mia anima seminando ovunque splendide parole piene di complimenti, ma forse non erano lodi quelle che stava spargendo.»

Febe percepì una rabbia improvvisa verso di lui. L'aveva ingannata con frasi che, invece di nutrire il suo mondo, l'avevano reso inesistente. «Ma perché l'ha fatto?»

«Comprendo ciò che provi» la confortò l'Apriporte. «Queste cose possono accadere quando si lascia la coltivazione del proprio giardino in mano ad altri.»

«Io mi fidavo di lui» disse la fanciulla, che non si capacitava del gesto dell'amato.

«Sai, Febe» intervenne la donna, «penso che Flavio abbia cercato di legarti a sé nell'unico modo che conosceva. Lui si è attorcigliato alla tua vita, proprio come l'edera, mettendola in ombra. E tu hai permesso che ciò avvenisse lasciando incustodito il tuo prato.»

«Non credevo che Flavio avrebbe danneggiato i miei arbusti» protestò la ragazza.

«So che avevi bisogno di qualcuno che si occupasse di te, ma non possiamo delegare la cura del nostro giardino a nessun altro.»

«Non avrei mai dovuto trascurare in questo modo il mio mondo.»

«Spesso gli errori sono portatori di grandi insegnamenti.» L'Apriporte le mise una mano sulla spalla. «Fa' tesoro di ciò che hai imparato e pensa a come riparare il danno che la tua anima ha subito.»

Le parole della donna riuscirono a trasformare la rabbia in un'incredibile forza. Senza esitare, Febe si avventò sull'edera e rimosse sistematicamente ogni tralcio, per liberare gli arbusti ormai soffocati. A poco a poco il suo mondo ritornò riconoscibile e le piante riemersero dall'ombra nella quale erano state sepolte, ma lo scenario che la fanciulla vide restò comunque desolante.

Gli arbusti avevano sofferto moltissimo senza luce e senza nutrimento, e di essi non rimaneva che il tronco e i rami spogli. Nessuna foglia e nessuna gemma li adornavano.

«Un tempo erano floridi e splendidamente rigogliosi» ricordò Febe.

«Raccontami la loro storia e come cominciarono a crescere sul terreno della tua anima» la invitò l'Apriporte.

«L'arbusto IO CURERÒ LE DELUSIONI fu il primo a germogliare dentro di me, quando scoprii un prato pieno di fiori neri nascosto nel mondo di mia madre. Quei fiori erano le sue delusioni» iniziò Febe. «Mi convinsi che, se me ne fossi presa cura, gli occhi della mamma sarebbero tornati a brillare e a mostrarmi il cammino verso la scoperta di me stessa.»

L'Apriporte annuì senza commentare e la invitò a continuare.

«La pianta IO DIVENTERÒ BUONA E BRAVA spuntò per terza, quando scovai un campo pieno di bolle dell'illusione su cui mia madre aveva inciso i suoi desideri. Venni a sapere così che voleva che fossi la bambina più brava e buona di tutte» disse Febe, toccando l'albero ora privo di colori. «Mi resi conto che per riuscirci avrei dovuto nascondere la mia rabbia e i miei pianti e mi ingegnai per renderli invisibili. Li nascosi dentro le gemme di questo arbusto affinché restassero solo i miei sorrisi ad attirare l'attenzione della mamma, solitamente rivolta altrove.»

Febe avanzò verso un altro arbusto e sfiorò la scritta incisa sul tronco: IO RIUSCIRÒ A RAGGIUNGERTI. «Questo invece comparve per secondo, quando entrai nel mondo di mio padre e compresi che lui aveva celato pezzi di me sulla cima di una vetta. Cercai una strada meno impervia, ma trovai solo percorsi chiusi da muri impenetrabili, e così mi allenai a scalare le alture.»

La fanciulla proseguì verso l'albero IO NON DARÒ PREOCCUPAZIONI. Era spuntato dopo che un grande dolore aveva liberato la sua rabbia e i pianti dalle gemme, raccontò, spaventando i genitori che l'avevano privata dei loro occhi, delusi. Da quel momento aveva deciso di essere sempre la bimba brava e buona che loro desideravano.

Poi fu la volta della quinta pianta, quella un tempo più grande e più portentosa. Febe si accasciò ai suoi piedi senza proferire parola.

«Cosa ti succede?» domandò l'Apriporte sedendosi accanto a lei.

«Mi fa troppo male...» disse la principessa accarezzando le radici assetate.

«Cosa ti fa male?»

«Mi fa troppo male raccontare com'è nata questa pianta.»

«Non preoccuparti, prenditi il tempo che ti serve.»

La donna si mise al suo fianco e attese che la fanciulla fosse pronta per raccontare il segreto celato nel nome dell'arbusto IO TI SALVERÒ.

Febe tentò più volte di iniziare la sua storia, ma il dolore le bloccava sempre le parole in gola, impedendole di parlare. La sua fatica riecheggiò nell'anima dell'Apriporte, che provò ad aiutarla domandandole ciò che immaginava fosse accaduto: «Cosa desideravi salvare dentro l'anima di tua madre?»

La ragazza scoppiò in un pianto che pareva senza fine. «Io non ci sono riuscita!»

«A fare cosa, Febe?» insistette dolcemente la donna.

«A salvare la bimba che ho trovato nascosta dentro mia mamma» urlò, struggendosi per il dolore.

«Dove hai trovato questa bimba?»

«Era nascosta in un luogo buio dentro l'anima della mia custode. Le ho promesso che l'avrei fatta uscire, ma non ci sono riuscita. Ho provato in ogni modo a tirarla fuori, ma un Vento Oscuro la ricacciava nell'oscurità e lei è rimasta lì, in attesa che qualcuno la salvasse e le svelasse il nome che aveva dimenticato.»

L'Apriporte la strinse in un abbraccio. Tra un singhiozzo e l'altro, Febe si lasciò scivolare l'ultimo macigno dal cuore. «Ho trovato un bambino anche dentro Flavio, rinchiuso dietro un muro, ma non sono riuscita a salvare nemmeno lui. Ho fallito in tutto. Nessuna delle mie piante ha dato frutti e ora stanno morendo.»

«Non esiste pianta che non possa rifiorire, Febe» la confortò la donna. «Ora ti spiegherò perché i tuoi arbusti non sono riusciti a dare frutti e come potrai farli germogliare di nuovo.»

Febe placò il pianto e si mise in ascolto.

«Da quando sei nata hai camminato alla ricerca del tesoro della tua identità dentro l'anima dei tuoi custodi» esordì l'Apriporte, che sapeva molte cose. «Invece di percorrere la strada verso te stessa hai incontrato mille ostacoli e hai provato a superarli, convincendoti che se fossi riuscita a scavalcarli saresti stata finalmente premiata.»

«È così» riconobbe Febe.

«Hai avuto il coraggio di seguire percorsi pericolosi, di oltrepassare muri immersi nel buio, e la forza di arrampicarti su vette impervie, ma anche se sei stata bravissima e hai fatto tutto il possibile per raggiungere il tuo tesoro, nessuno di questi tragitti poteva condurti a te stessa.»

Febe la guardò perplessa, in attesa di capire.

«Le strade su cui hai camminato ti hanno condotto all'identità degli altri, non alla tua» le svelò finalmente l'Apriporte.

«Ma i bimbi che ho trovato dentro la mamma e Flavio chi erano?»

La donna abbassò lo sguardo. «Sono una parte della loro identità, che hanno dimenticato e nascosto per mettere a tacere il bambino che piange dentro di loro.»

«Ma perché non vogliono ascoltarlo?»

«Hanno paura che quel piccolino possa renderli più fragili.»

«Perché questa parte potrebbe indebolirli?»

«Perché li disturbava in continuazione, spingendoli a cercare l'amore degli altri. Rinchiudendola in posti lontani si sono illusi di zittire anche il loro disperato bisogno d'amore. Tu hai trovato i bambini scavando nei luoghi più remoti della loro anima, li hai risvegliati, li hai accolti, li hai scaldati e hai dato loro la speranza di poter tornare liberi, ma non stava a te salvarli. Solo chi li ha nascosti può farli tornare alla luce.»

Febe la ascoltava e intanto le lacrime avevano ripreso a rigarle le guance. Questa volta però non era il dolore a muoverle, bensì il sollievo di aver compreso cosa le aveva impedito di portare a termine la sua missione.

«Le persone che rinchiudono i loro bambini sono condannate a non completare il percorso alla scoperta di sé, perché la parte nascosta li bloccherà per sempre e resterà in attesa del genitore che l'ha abbandonata.»

«In attesa del genitore?»

«Sì. I bambini aspettano sempre che i genitori facciano ritorno per proseguire insieme il cammino verso il tesoro nascosto.»

Febe rimase sconcertata e, mentre mille pensieri si affastellavano nella sua mente, la donna richiamò la sua attenzione.

«Vuoi scoprire dove si trova la tua bambina?»

«La mia bambina?!»

«Certo, quella che hai dimenticato lungo il tragitto alla scoperta di te stessa.»

La ragazza non riusciva a credere alle proprie orecchie. Le ci volle qualche istante prima di rassegnarsi all'idea che proprio lei, che aveva passato la vita nel tentativo di salvare i bimbi scovati nel mondo degli altri, aveva abbandonato la sua piccolina in qualche angolo dell'anima.

«Dove si trova?» domandò con un filo di voce.

«Ora è il momento di usare le piante che hai coltivato dentro di te per cercarla e liberarla» disse l'Apriporte.

«Cosa intendi dire?»

«Gli arbusti cresciuti nel tuo giardino non sono inutili come hai sempre pensato, e si riveleranno preziosissimi se imparerai a usarli nel modo giusto» rispose la donna. «L'albero IO RIUSCIRÒ A RAGGIUNGERTI ti ha permesso di sviluppare la tenacia e di allenare le gambe per scalare la cima di tuo padre. Ora utilizza la caparbietà e la forza per percorrere a ritroso la tua vita e raggiungere il punto nel quale la bambina è ferma ad attenderti.»

Febe usò tutta la determinazione di cui era capace per ritornare nelle vie del passato. Le attraversò a lunghe falcate, guardandosi intorno senza mai fermarsi, e rallentò solo quando avvertì una piccina che chiedeva aiuto. Si avvicinò al punto dal quale proveniva la voce e si commosse quando intravide la sagoma di una bambina che piangeva seduta sul ciglio della strada.

La raggiunse trepidante e, quando fu dinanzi a lei, la fece voltare. Riconobbe immediatamente il suo faccino da bimba. «Sono qui, piccolina, non preoccuparti» la cullò. Poi, con tutta la tenerezza possibile, la strinse forte al petto e le asciugò gli occhi intrisi di lacrime.

«Ho avuto tanta paura» piagnucolò la piccola. «Hai detto che tornavi subito, ma io non ti ho più vista.»

Febe la accarezzò per tranquillizzarla. «Da quanto tempo mi stai aspettando?»

«Da quando mi hai detto che non potevi portarmi con te perché le mie mani erano troppo piccole per coltivare i giardini della mamma e le mie gambe erano troppo deboli per salire sulle vette del papà» rispose tra i singhiozzi. «Mi hai detto che avrei potuto farmi male e per questo avrei dovuto aspettarti qui, poi mi hai salutato promettendo che saresti tornata subito a prendermi.»

Febe ricordò il momento nel quale aveva pronunciato quelle parole. «Ti chiedo perdono se ti ho fatto aspettare tanto.» Poi utilizzò un altro dei suoi arbusti per farle un'importante promessa: «Io non ti darò più preoccupazioni e ti terrò sempre al sicuro vicino a me.»

L'Apriporte, in disparte, la osservò e poi bisbigliò sottovoce: «Brava, hai compreso come usare ciò che hai coltivato dentro di te.»

Febe si mise sulle spalle la sua bambina e le parlò con tono amorevole: «Ora recupereremo tutto il tempo perduto.» Attinse un'altra pianta dal suo giardino e la usò per curare i dispiaceri della piccola. «Io mi prenderò cura di tutta la delusione che hai provato in questi lunghi anni in cui sei rimasta sola in attesa del mio ritorno.»

La piccina si sentì finalmente tranquilla e, aggrappandosi al suo collo, le disse: «Grazie, mamma, per avermi salvata.»

Febe tremò alla parola «mamma» e fece per spiegare alla bambina che non era lei, ma l'Apriporte, che le seguiva silenziosamente, le sussurrò all'orecchio: «Tu sei il genitore che la tua bimba attendeva, Febe. Sei sua madre, ora, e dovrai occuparti di lei donandole le cure e le attenzioni che merita.»

La fanciulla annuì, commossa, e comprese che avrebbe potuto dare alla piccina tutto ciò che le era mancato. Cercando di non tradire le emozioni che la scuotevano, guardò intensamente la bambina: «Io sono la tua mamma, e ogni volta che ti troverai in difficoltà io ti salverò, piccola mia.» Accarezzandole le manine, utilizzò il suo ultimo arbusto: «Cercherò di essere per te la mamma più brava e più buona di tutte.»

L'Apriporte, toccata dalla bellezza di quella scena, si avvicinò a Febe: «Ora il tuo terreno è pronto per coltivare i tre principi fondamentali.»

«Io non so come ringraziarti per il sostegno che hai saputo darmi e per avermi aiutato a ritrovare la mia parte perduta» le disse la ragazza con trasporto.

L'Apriporte scosse la testa e poi, volgendo lo sguardo alla bambina poggiata sulle sue spalle, richiamò la sua attenzione: «Apri la mano, piccolina, ho un regalo per te.»

«Davvero?»

«Sì, è un oggetto magico e un giorno tu saprai a chi donarlo» replicò l'Apriporte. Poi accarezzò il viso della bimba e della ragazza e si allontanò in punta di piedi dal mondo di Febe.

«Chi era quella signora, mamma?» chiese la piccina.

«È una persona capace di aprire le porte nascoste nell'anima» le spiegò Febe, e la bimba sorrise. Aprì il palmo della mano per vedere il regalo che la strana donna le aveva lasciato e scoprì di aver ricevuto in dono una bellissima, misteriosa chiave.

14

Narciso affronta se stesso

La fine di una maledizione

Il richiamo delle voci

Nel momento in cui Febe cominciò il percorso verso la propria anima accompagnata dall'Apriporte, anche Flavio rientrò nel mondo che, mentre era chiuso nel labirinto, aveva dovuto trascurare. Preoccupato di come l'avrebbe trovato, s'incamminò con passo spedito e in poco tempo si trovò dinanzi alla soglia della sua anima. La varcò intimorito, presagendo ciò che lo aspettava: i suoi meravigliosi giardini stavano per seccarsi e i narcisi per spegnersi.

Flavio si mise subito all'opera per recuperare tutta l'ammirazione necessaria a rinvigorire il terreno arido e, mentre si apprestava a nutrire i prati assetati, provò un'enorme rabbia nei confronti di Febe, che ai suoi occhi era la responsabile di quella trascuratezza.

Perché mi sono lasciato distrarre da lei?, continuava a ripetersi. Come ho potuto mettere in pericolo il mio mondo per dedicarmi ad altro? Febe mi avrebbe portato alla rovina!

Quei pensieri scandivano le sue giornate e la collera verso la fanciulla alimentò il lavoro di recupero. In breve Flavio rimise in sesto i giardini e fu in grado di riprendere le scalate. Dopo tanta fatica, la sua anima ritornò quella di un tempo e lui poté finalmente tranquillizzarsi vedendola di nuovo impeccabile.

Il ragazzo riprese la sua solita vita. Ogni giorno coltivava i suoi giardini perfetti e si procurava l'adorazione per far brillare i fiori; tuttavia, le sue gesta non riuscivano più ad appagarlo, perché qualcosa continuava a importunarlo. Quando si accingeva a potare le piante, si sentiva distratto dal fastidioso tintinnio delle chiavi dell'Apriporte, che gli ricordavano le parole con le quali erano state forgiate. Alcune frasi in particolare tornavano alla sua mente, provocando un turbamento che gli impediva di proseguire con serenità le sue imprese.

«Io non posso distrarmi perché il mio mondo potrebbe crollare!» era una delle affermazioni che più lo tormentava, così come spesso risentiva una delle domande che la donna gli aveva rivolto: «Come mai hai costruito un mondo così fragile, implacabile e pretenzioso, nel quale non c'è uno spazio adeguato per coltivare gli affetti?» E subito ritornava anche la sua risposta: «Il mio mondo non l'ho creato io.»

Non solo le chiavi interferivano con le sue azioni, ma anche il suono dei semi che conservava in tasca lo disturbava. Udiva distintamente i loro sussurri: «Non potrai mai essere felice né rendere felice qualcuno se continuerai a nasconderti dietro un muro.» E ancora: «Non potrai mai esplorare la bellezza della libertà di amare qualcuno finché sarai schiavo di un mondo fragile dal quale non puoi allontanarti.»

La parola «schiavo» aveva il potere di scuoterlo nel profondo poiché ribaltava la visione del suo mondo, in cui si era sempre figurato come un re e non come un servo. Flavio seppellì le chiavi e i semi in un punto remoto dei suoi prati, così da allontanare il fastidioso rumore delle loro voci, ma il tentativo fallì poiché il loro richiamo lo raggiungeva ovunque.

L'iniziale seccatura si trasformò lentamente in un malessere sempre più intenso, a tal punto da assorbire le energie necessarie per la coltivazione dei giardini. Fu allora che il ragazzo ripensò all'ultima frase con la quale l'Apriporte l'aveva salutato: «Se mai dovessi trovarti in difficoltà, potrai sempre tornare per farti aiutare.»

Giunto al limite delle proprie capacità, si decise a chiamare la donna con tutto il fiato che aveva in gola: «Apriporte, ho bisogno di te perché sto per crollare!»

La donna lo udì subito, poiché aveva intuito cosa sarebbe successo ed era rimasta nelle vicinanze.

«Ti ho sentito» rispose. «Non preoccuparti, fra pochi istanti sarò da te.»

Arrivò in fretta sul ciglio del suo mondo e, come sempre, chiese il permesso prima di entrare.

«Vieni avanti» la invitò Flavio. «Sono qui seduto perché non riesco a trovare l'energia per alzarmi.»

La donna lo vide accasciato a terra e accelerò il passo. Quando fu al suo fianco, gli domandò: «Te la senti di spiegarmi cosa ti è successo da quando ci siamo salutati?»

«Non ho rispettato la promessa di conservare le chiavi che hai forgiato per me e di coltivare i principi che mi hai donato. Li ho nascosti in un punto lontano per non udire le loro parole fastidiose, ma il suono delle voci è diventato assordante e ora le sento così forti che non riesco più a ignorarle.»

«Capisco» disse l'Apriporte, senza mostrare alcun rancore per il giuramento disatteso. «Le verità che hai scoperto dentro di te e i principi che ti ho dato non si possono seppellire. Più cercherai di nasconderli, più troveranno il modo di farsi ascoltare.»

«Perché non mi lasciano in pace?»

«Perché li hai risvegliati e ora non possono più dormire. Si daranno pace solo quando li coltiverai dentro di te.»

«Io non so come seminarli.»

«Per questo mi hai chiamato» lo rassicurò l'Apriporte. «Se me lo permetterai, ti mostrerò come farli crescere nella tua anima.»

«Grazie» assentì il ragazzo, sollevato. «Cercherò di imparare ciò che vorrai insegnarmi.»

La ricerca della verità

Prima di avviarsi, l'Apriporte si accertò che Flavio fosse pronto a seguirla. «Farai ciò che ti chiederò anche quando avrai paura di mettere in pericolo il tuo mondo?»

Flavio rispose con voce ferma: «Sì, non ho altra scelta.»

«Ora entrerò nel tuo sguardo e insieme comprenderemo come far germogliare la verità dentro di te.»

Da quell'istante avanzarono fianco a fianco. La donna osservò con attenzione i giardini della sua anima, mentre Flavio le illustrava i faticosi interventi quotidiani necessari per mantenere tanta perfezione. Camminarono a lungo, esplorando ogni anfratto, finché giunsero dinanzi alla siepe.

«Qui finisce il mio mondo» affermò Flavio invitando l'Apriporte a ritornare verso i prati, ma lei non si mosse.

«Qui è il punto in cui inizia» gli disse.

«Cosa intendi?»

«Se vuoi diventare abile nel coltivare la verità, dovrai prima imparare a cercarla. L'edera ha nascosto una parte di te che ora dovrai liberare.»

Flavio cercò di resistere al compito che l'Apriporte gli stava assegnando, ma aveva compreso che allontanare la verità non poteva funzionare e così infilò le mani nei tralci per scoprire cosa nascondevano. Percepì la presenza di una superficie dura e fredda e, dopo aver perlustrato vari punti, ammise: «L'edera copre un muro.»

«Proprio così» disse la donna. «Posso creare una chiave per aprire questa porta nascosta, ma dovrò farti una domanda per poterla forgiare con le tue parole.»

«Va bene» acconsentì lui.

«Ricordi perché questo muro è stato costruito?»

Flavio ci rifletté su, ma i ricordi sembravano offuscati e non riusciva a trovare una risposta chiara, così l'Apriporte incalzò: «Mi hai raccontato che il tuo mondo è stato creato da Adele, tua madre, rammenti?»

«Sì, esatto» sospirò il ragazzo.

«Quando costruì questo muro, cosa voleva nascondere?»

Flavio chiuse gli occhi per ritornare nel passato e improvvisamente comparve un'immagine della sua infanzia. Era la sua custode che, vedendolo stanco, lo rimproverava: «Questo bambino che si arrende io non lo voglio vedere, dietro il muro lo devo portare.»

Flavio spalancò di colpo le palpebre, ripetendo la frase che la mente gli aveva suggerito. L'Apriporte la raccolse lesta per forgiare una chiave. «Prova a vedere se questa funziona» disse porgendogliela.

Nel muro comparve una porta. Flavio infilò la chiave nella serratura e la girò lentamente, preparandosi ad accogliere la visione di un mondo fino ad allora celato. Il suo sguardo venne inghiottito dal buio di una terra senza luce e il suo corpo avvolto dagli spifferi che fischiavano tra gli arbusti incolti e trascurati.

«Ricordi qualcosa?» domandò pacatamente l'Apriporte.

«Mi sento strano» rispose Flavio. «Non penso di essere mai stato qui, ma questo luogo mi sembra familiare.»

Il ragazzo proseguì l'esplorazione di quella parte di anima, osservando esterrefatto i prati pieni di erbacce e alberi contorti, piante con foglie su cui erano stati incisi numeri vergognosi e pietre che raccontavano storie di sconfitte.

«È un posto terrificante!» esclamò, respinto da tanta inadeguatezza. «Forse mia madre ha recintato questo mondo per nascondere un tale orrore.»

«C'è un'altra verità nascosta in questo luogo, e devi trovarla» lo incoraggiò la donna.

Flavio proseguì e scrutò ovunque per scovarla, fino a quando giunse accanto a un alberello. Sul tronco compariva la scritta NON VALI NULLA, CHIUNQUE È MIGLIORE DI TE.

Flavio cominciò a tremare come se il corpo volesse ricordargli qualcosa e improvvisamente un frammento di memoria si risvegliò in lui, suggerendogli di volgere lo sguardo verso gli abissi dell'inferiorità che si trovavano lì vicino.

I suoi occhi intravidero una sagoma stesa accanto al precipizio. Il ragazzo accorse per scoprire chi fosse e metterla in salvo. Mentre si avvicinava, la figura diventava sempre più familiare. Quando riconobbe il volto del bambino svenuto, emise un urlo lacerante.

«Sono stato io!» gridava Flavio stringendo a sé il corpicino gelato del piccolo, mentre le lacrime gli rigavano il viso. Lo accarezzava con il cuore pieno di tormento, dondolandosi insieme a lui: «Perdonami per quello che ti ho fatto!»

L'Apriporte osservò Flavio, sentendo dentro di sé tutto il suo struggimento. «Cosa deve perdonarti questo bimbo?» gli chiese.

«Non so se riesco...» sospirò Flavio. «Mi fa troppo male!»

«Raccontami tutta la verità» lo esortò la donna.

«Lui era mio amico. Ero venuto qui per nascondere la mia voglia di giocare e di essere un bambino normale, ma mentre le seppellivo ho scoperto che c'era lui in questa parte di anima», e volse lo sguardo al corpicino. «Abbiamo deciso di usare in segreto la mia voglia di giocare. Ci incontravamo di nascosto quando i custodi dormivano e avevamo costruito insieme un mondo nel quale eravamo felici. Poi...»

«E poi cos'è successo?»

«Una notte mia madre si svegliò e, non trovandomi nei giardini perfetti, iniziò a cercarmi oltre il muro. Ci trovò perché lui non riusciva a trattenere i singhiozzi. Scoprendo quello che avevo combinato, cadde a terra. Quando si riprese dal lungo sonno, non c'ero più io nei suoi occhi. Al mio posto era comparsa l'immagine di questo bambino.»

«Capisco» disse la donna. «Cosa facesti a quel punto?»

«Cominciai a sospettare di lui, pensavo che avesse fatto apposta a richiamare l'attenzione di mia madre per entrare nel suo sguardo, e provai un odio furente nei suoi confronti» raccontò Flavio. «Così decisi che l'avrei avvelenato con un narciso per tornare a esistere negli occhi di mia mamma.»

Ripercorrere questa storia aveva provocato il dolore più grande che Flavio avesse mai provato, tanto che fu costretto a sdraiarsi accanto al piccolo, privo di forze.

L'Apriporte si mise al suo fianco. «Ora devi ascoltarmi. C'è ancora qualcosa che puoi fare.»

«Non posso fare più nulla per lui» replicò. «L'ho ucciso quando ho finto di donargli il narciso, e il mio unico amico si è avvelenato con il fiore.»

«Non è così» replicò lei. «Se farai ciò che ti dico, potrai risvegliarlo.»

Il fiore preferito

Flavio si sollevò da terra pieno di speranza: poteva finalmente rimediare allo sbaglio più grande della sua vita.

«Il piccino non è morto, è solo addormentato» lo tranquillizzò l'Apriporte. «Il narciso che ha toccato non l'ha privato dell'esistenza, ma ha lanciato un maleficio che ha colpito entrambi.»

«Un maleficio?»

«Sì, l'incantesimo ha cancellato dalla memoria dell'uno il ricordo dell'altro e vi ha impedito di incontrarvi e di essere coscienti nello stesso momento. La maledizione ha fatto sì che tu potessi vivere solo con il brillare dei narcisi, ma qualora questi si fossero spenti per mancanza di ammirazione, avresti cessato di esistere e soltanto in quell'istante si sarebbe destato il piccolino nascosto nel buio del tuo mondo» spiegò la donna. «Perciò vedi, Flavio, questo bimbo sta solo dormendo.»

«E perché il maleficio ha colpito tutti e due?»

La donna sorrise. «Perché lui è una parte di te e se tu colpisci lui, colpisci anche te stesso.»

La limpida verità di quelle parole risvegliò in Flavio il desiderio di rompere l'incantesimo.

«Come posso spezzare la maledizione?» chiese.

«Ciò che dovrai fare sarà doloroso» iniziò cauta l'Apriporte.

«Sono disposto a fare qualunque cosa per lui» affermò il ragazzo con determinazione.

«Porta il piccolo con te e torniamo ai giardini pieni di luce» gli disse. «Una volta arrivati lì, ti indicherò cosa dovrai fare.»

Flavio si incamminò insieme alla donna verso la parte perfetta della sua anima. In braccio stringeva il bambino immobile, lo accarezzava e gli sussurrava che presto lo avrebbe liberato.

Giunti di fronte ai bellissimi prati impeccabili, l'Apriporte parlò: «L'unico modo per sciogliere la maledizione che vi ha colpiti è estirpare i narcisi dal tuo mondo.»

Flavio si sentì assalire dal gelo all'idea di togliere ciò che sua madre gli aveva donato e che consentiva alla sua anima di brillare. Ricordò però la promessa fatta all'Apriporte: avrebbe seguito le sue istruzioni, anche a costo di mettere in pericolo il suo mondo.

Appoggiò il piccino in un luogo morbido e caldo e poi cominciò a estirpare i narcisi uno a uno, prestando attenzione a non toccare i bulbi e le foglie. Ogni volta che strappava un fiore, il suolo dell'anima tremava e Flavio avvertiva fitte lancinanti in tutto il corpo, come se stesse sradicando una parte di se stesso. Ma nonostante il patimento e la preoccupazione, proseguì con la stessa forza di volontà che gli era servita in tutti quegli anni per mantenere vivi i suoi giardini.

L'Apriporte intuiva la sua sofferenza. «So che estirpare dalla tua anima questa parte di te è un grosso dolore, ma presto scoprirai che ciò che ora ti affligge sarà ciò che ti consentirà di conoscere una felicità nuova.»

«Se tutto questo servirà per svegliare il piccolo, ne sarà valsa la pena.»

Levare dal terreno tutti i fiori luminosi fu un lavoro lungo, poiché i narcisi erano sparsi ovunque, ma la costanza della quale era capace permise a Flavio di terminare la sua missione. Giunto dinanzi all'ultimo narciso, si apprestava a sradicarlo quando la donna lo fermò: «Questo dovrai lasciarlo.»

«Perché?»

«Ne terremo uno soltanto e la sua presenza servirà per ricordarti ciò che ti ha spinto a farvi del male» rispose la donna.

«Farò come dici.» Flavio annuì e si accasciò a terra, esausto. «Sembra così vuota e desolata la mia anima, senza i narcisi.»

«Quello che vedi non è vuoto, ma uno spazio che ti consentirà di coltivare altre cose. Se hai ripreso le forze, seguimi. È arrivato il momento di scoprire se il maleficio è stato sconfitto.»

Nonostante la stanchezza, il ragazzo si alzò prontamente, ansioso di portare a termine il suo compito.

La donna lo condusse dal bimbo ancora addormentato. «Prova a svegliarlo» lo esortò.

Flavio si chinò titubante e in preda all'emozione. «Piccolo, mi senti? Apri gli occhi!», e lo scosse delicatamente.

Il piccino cominciò a muoversi e a sollevare le palpebre.

«E tu chi sei?» chiese confuso.

Flavio trattenne a stento le lacrime dalla gioia di udire la voce che tante volte gli aveva fatto compagnia.

«Non ti ricordi di me? Sono il tuo amico, quello con il quale giocavi di nascosto mentre i custodi dormivano.»

Il bambino scrutò il suo viso e, dopo qualche momento di silenzio, rispose: «Sì, mi ricordo, ma sei molto cambiato, sei diventato grande!»

«Sì, il mio corpo è cresciuto, ma dentro sono rimasto il tuo amico di sempre.»

Il piccolo sorrise e con slancio si aggrappò a lui donandogli un grande abbraccio, poi all'improvviso i suoi occhi si incupirono e con voce bassa domandò: «Sei ancora arrabbiato con me?»

«No, amico mio, non sono più arrabbiato e ti chiedo perdono per tutte le cose cattive che ti ho detto e per le cose cattive che ti ho fatto» rispose Flavio, che aveva atteso con trepidazione il momento nel quale avrebbe potuto scusarsi.

Il piccolino gli accarezzò il volto e, percependo il suo enorme dispiacere, disse: «Non litigheremo mai più, vero?»

«Mai più» ripeté Flavio. Lo strinse a sé con forza e, mentre il bambino affondava tra le sue braccia, gli sussurrò all'orecchio: «Mi sei mancato tanto.»

«Anche tu» rispose l'altro commosso.

Il ragazzo e il bimbo si abbandonarono alla gioia di essersi ritrovati, ma la bellezza del momento fu interrotta da un grido. Era il piccolo: «Flavio, ma dove mi trovo? Cosa ci faccio qui?»

«Non preoccuparti. Grazie all'aiuto di questa signora al mio fianco sono riuscito a creare un varco nel muro che ci divideva e ti ho portato via da quel luogo freddo e senza luce.»

«Non posso! Non posso andare via da lì, perché la mamma non mi troverà quando tornerà a prendermi!»

Flavio guardò l'Apriporte, non sapendo come tranquillizzare il piccino.

La donna andò in suo soccorso. «Non temere, raccontiamogli la verità e lui si calmerà.» Poi si avvicinò al piccolo e iniziò: «Ora devi stare molto attento, perché ti svelerò una cosa importante.»

«Va bene» disse il bambino obbediente.

«La tua mamma ti ha nascosto in un mondo buio per proteggerti, perché temeva che le persone, scoprendo le tue debolezze, avrebbero potuto farti del male. Era certa che rendendoti invisibile nessuno avrebbe potuto ferirti» gli spiegò. «Ma ora che Flavio è diventato grande non dovrai più nasconderti, perché ci sarà lui a proteggerti.»

Il piccolo voltò lo sguardo verso Flavio: «È vero, mi proteggerai tu dai cattivi?»

Flavio accarezzò i capelli corvini del bimbo. «Sì, ora che sono grande userò la mia forza per allontanare chi cercherà di ferirti.» Poi aggiunse: «D'ora in poi non dovrai più restare nell'ombra e ti terrò sempre al mio fianco.»

«Ma la mamma non si arrabbierà quando si accorgerà che ho disobbedito?» chiese il bimbo titubante.

«Parlerò io con la mamma» disse Flavio. «Le spiegherò che il muro non serve più perché ora ci sono io.»

L'Apriporte lo guardò con occhi pieni di tenerezza. «Il tuo terreno è pronto per accogliere i semi che ti ho donato» gli disse fiera. «Estirpando i narcisi e aprendo il muro sei riuscito a creare uno spazio nel quale potrai coltivare l'amore.»

«Ma io non so se ne sono veramente capace» rispose Flavio, ancora dubbioso.

«Ce la farai perché hai eliminato ciò che ti rendeva schiavo del tuo mondo, liberando la parte di te che è capace di amare.»

La voce del piccolo si intromise: «Cosa faremo adesso, Flavio?»

«Ora abbatteremo il muro e ne lasceremo solo una piccola parte, nella quale rinchiuderemo le cose che non ci rendono felici» rispose.

«Che bello!» esclamò il piccino.

«E poi» aggiunse Flavio, «dovremo riempire con nuovi fiori tutta la terra che è rimasta senza colori.»

«Io forse ho un'idea» propose il bambino.

«Davvero?»

«Sì» replicò lui pieno di entusiasmo. «Venite, c'è una cosa che voglio mostrarvi!»

Flavio e l'Apriporte lo seguirono incuriositi mentre si dirigeva nuovamente verso il mondo buio.

«Perché ci hai riportato qui?» domandò Flavio.

«Ora ti farò vedere cosa sono riuscito a coltivare!» disse l'altro. «Quando tu non volevi più stare con me, ho seppellito la tua voglia di giocare e di essere un bambino normale e dopo qualche giorno...»

«Cosa è accaduto?» incalzò Flavio.

«È nato questo bellissimo fiore rosso, proprio nel punto in cui le avevo sepolte.»

Flavio e l'Apriporte rimasero ammaliati dalla magnificenza della pianta e dal suo profumo delicato.

«È bellissimo» disse il ragazzo. «Non avevo mai visto un fiore così bello.»

L'Apriporte si avvicinò al bambino. «Sei stato proprio bravo» si complimentò. «Il fiore che hai coltivato è una rosa rossa ed è meraviglioso.» Poi, rivolgendosi all'altro Flavio, si congedò: «Ora posso andare. Tu finalmente sai qual è il tuo fiore preferito.»

«Grazie» disse Flavio pieno di gioia.

La donna li salutò ma, proprio mentre stava per varcare la soglia dell'anima, sentì il ragazzo richiamarla: «Ho bisogno di sapere un'ultima cosa.»

«Cosa?» rispose l'Apriporte.

«Perché il piccolino ha occhi e capelli diversi dai miei, se sono sempre io?»

«La risposta la troverai negli occhi di tua madre, se riuscirai a cercare in lei la verità» gli promise lei prima di salutarlo.

L'ultimo enigma

L'anima di Flavio si trasformò in un luogo meraviglioso e il bimbo lo aiutò a coltivare le rose, che riempirono lo spazio lasciato libero dai narcisi. I semi donati dall'Apriporte germogliarono proprio nella parte di mondo in cui prima non entrava luce e del muro non rimase che una piccola cinta, dietro la quale lui e il bambino riponevano le cose che provocavano dispiacere, come i giudizi della gente.

Flavio seguitò a curare i suoi giardini con il massimo impegno, insegnando al piccolo l'arte della potatura, ma non si ostinò più a perseguire la perfezione perché richiedeva troppe energie, che ora voleva impiegare per occuparsi del bambino. Continuò anche la scalata delle vette, ma scoprì un altro modo di allenare le gambe per renderle più robuste quando il piccino gli propose di giocare a rincorrersi fra i prati.

Flavio sentiva che finalmente stava creando un mondo che gli apparteneva, ma l'unico narciso rimasto nei suoi prati lo riportava all'enigma ancora irrisolto: «Perché il piccolino ha occhi e capelli diversi dai miei, se sono sempre io?» Spesso ripensava all'Apriporte, che lo aveva esortato a cercare la risposta dentro la madre.

Flavio aveva imparato che più si cerca di allontanare la voce della verità, più questa trova il modo di farsi ascoltare e così, armandosi di coraggio, si avventurò alla ricerca della risposta sfuggente.

Preferì non portare con sé il piccolo, non sapendo come la madre avrebbe reagito nel vederlo. Prima di partire lo rassicurò sul fatto che sarebbe tornato presto, e il bambino promise che si sarebbe preso cura dei giardini dell'anima.

Flavio si incamminò verso Adele, preoccupato ma deciso ad andare fino in fondo. Quando fu dinanzi a lei, richiamò la sua attenzione con voce ferma: «Mamma, ho bisogno di sapere una cosa.»

Adele, come sempre, cercò di entrare dentro di lui per comprendere cosa accadeva, ma questa volta Flavio la bloccò. «No, mamma, ora sono io che devo entrare dentro di te.»

«Ma certo, non ti ho mai impedito di farlo», e lo invitò a guardare i suoi occhi, che continuavano a proiettare l'immagine del figlio perfetto, biondo con gli occhi azzurri, seduto sul trono.

Flavio lo osservò a lungo, poi chiese: «Com'è il mio volto, mamma?»

«Il tuo volto è quello che vedi e che ti ho mostrato fin dalla nascita» rispose Adele stupita.

Flavio, che aveva imparato a riconoscere il suono della verità, comprese che la madre stava mentendo. «Perché il bimbo che hai rinchiuso dietro il muro aveva gli occhi neri come la notte e i capelli corvini?»

Adele rimase senza fiato. «Ma di quale bimbo stai parlando?!» sbraitò. «Tu sei il mio unico bambino!»

«Ho bisogno che tu mi dica la verità» la pregò Flavio.

«Ma perché continui a farmi queste domande?» rispose lei, sempre più seccata. «Io ti ho sempre detto la verità.»

«So che hai nascosto il bimbo con i capelli scuri per proteggermi, ma adesso devi dirmi perché lui ha occhi e capelli diversi dai miei, se è una parte di me» insistette Flavio pacato.

Di fronte a tanta determinazione, la donna cedette. «Io non volevo che tu vedessi...» sospirò, e un singhiozzo le si fermò in gola. «Io non volevo che tu vedessi la parte di te che ti avrebbe messo in pericolo.»

«Lo so» rispose Flavio. «Ma ora sono capace di difendermi, non serve che tu mi nasconda la verità. Qual è il mio vero volto?»

Gli occhi della madre si riempirono di lacrime, che si infransero sull'immagine del bambino sul trono. Il ritratto cadde dal suo sguardo frantumandosi in mille pezzi. Per la prima volta Flavio riuscì a oltrepassare l'ingresso dell'anima di Adele, e rimase stupito quando si accorse che aveva coltivato giardini identici a quelli costruiti dentro di lui, nei quali brillavano ovunque narcisi alla ricerca di luce.

Si addentrò lentamente e, mentre osservava basito quel mondo così simile al suo, fu interrotto da un suono proveniente da uno dei prati.

«C'è qualcuno qui?» domandò Flavio, mentre avanzava verso il rumore. Gli sembrava la risata di un bambino. «Chi sei? Non spaventarti, non ti farò del male!»

In quell'istante spuntò una bimba che gli corse incontro.

«Come ti chiami, piccolina?» chiese lui stupito.

«Io mi chiamo Adele» si presentò lei. «Hai visto come sono stata brava a coltivare i miei giardini?»

Flavio capì chi era la piccina e sentì un fremito nel cuore. «Sei stata davvero bravissima» si complimentò per non turbarla.

«Quando il mio papà tornerà sarà orgoglioso di me e sarà felice perché io sono la più brava delle bambine» si vantò lei.

«Di sicuro» disse Flavio. «Sono certo che sarà fiero di te.»

Poi, desideroso di scoprire se ci fosse una parte adulta della mamma nascosta da qualche parte, le chiese: «Non c'è nessuno che vive qui con te?»

La piccola abbassò lo sguardo. «No, io sono sola, ma...»

«Ma?» la esortò lui.

«Ma lui mi tiene compagnia» rispose la bimba stringendo a sé un bambolotto.

«Chi è lui?» chiese Flavio incuriosito.

«Lui è Flavio, il bambolotto che il papà mi ha regalato per non sentirmi sola quando lui è lontano da me.»

Flavio rimase pietrificato quando vide che il giocattolo aveva gli occhi azzurri e i capelli biondi. In quell'istante comprese la verità che la mamma aveva sempre celato dentro di sé: una piccina che nessuno aveva aiutato a crescere e che era rimasta in attesa del ritorno del padre. La parte adulta della madre era rimasta bloccata e una bambina abbandonata a se stessa governava il suo mondo, e aveva cercato di governare anche quello del figlio.

Il ragazzo si sentì travolto da una rabbia immensa per aver scoperto la verità così tardi, ma comprese che non poteva sfogarla sulla piccola Adele. La salutò, anzi, teneramente, prima di avviarsi fuori dall'anima della madre.

Quando uscì, Flavio strinse le mani di Adele, che era ancora in lacrime. «Mamma, io non sono il tuo bambolotto. Sono Flavio, tuo figlio, e ora ti prego: mostrami il mio vero volto.»

La donna riuscì a placarsi e i suoi occhi si tramutarono in specchi, nei quali Flavio scorse per la prima volta il riflesso del suo viso. Occhi scuri come la notte spiccavano sull'incarnato, incorniciato da capelli nero corvino. Il ragazzo si commosse dinanzi al volto della sua vera identità.

«Ora so chi sono, mamma» le disse Flavio. «Ho finalmente scoperto il tesoro che mi renderà libero di essere me stesso.»

Si allontanò donandole un ultimo bacio. Prima di rientrare nella sua anima, volle salutare anche il padre.

Come sempre, Massimo era alle prese con il castello della sua vita in bilico. Flavio gli chiese il permesso di entrare solo per qualche istante.

«Come stai?» lo accolse l'uomo.

«Ora sto bene, ma mi sei mancato tanto e vorrei passare più tempo con te dentro lo splendido mondo che hai creato per me.»

Il custode interruppe le sue attività e si voltò commosso.

«E quando vorrai mi piacerebbe che tu entrassi nella mia anima e vedessi ciò che ho creato io» aggiunse Flavio.

Il silenzio del padre si tramutò in pianto. «Attendevo da tanto tempo questo momento» esclamò felice. «Sono sicuro che hai costruito cose meravigliose dentro di te.»

Massimo guardò il figlio come mai aveva fatto nella sua esistenza, e di nuovo Flavio riuscì a scorgere il suo vero volto riflesso negli occhi lucenti del padre.

15

La costruzione di un nuovo amore

Il tesoro alla fine del viaggio

L'ultimo saluto

Flavio fece ritorno alla propria anima, smanioso di rivedere il piccolo. Quando il bambino lo notò, gli corse incontro e si lanciò in un abbraccio. «Mi sei mancato tanto» gli confidò. Poi sollevò lo sguardo e rimase confuso: «Cos'è successo al colore dei tuoi occhi e dei tuoi capelli?»

Flavio lo prese per mano e, mentre si incamminavano verso i giardini, spiegò al piccino cosa gli era capitato.

«Il viaggio che ho appena affrontato mi ha permesso di scoprire una cosa molto importante.»

«Cosa?»

«Ho capito di aver sempre portato una maschera. Sono finalmente riuscito a toglierla e quello che vedi è il volto della mia vera identità.»

Il bimbo lo osservò ancora per qualche istante, poi esclamò pieno di entusiasmo: «Mi piace!», e toccando i suoi capelli aggiunse: «Ora ci somigliamo di più!»

«Proprio così!» affermò il ragazzo stringendolo a sé.

Da quel momento, Flavio proseguì la vita serenamente al fianco del suo piccolo. Lavoravano insieme per rendere il loro mondo sempre più bello, finché un giorno accadde qualcosa di inaspettato. Passeggiando per i prati, Flavio si accorse che i semi dei tre principi fondamentali donati dall'Apriporte avevano prodotto le prime gemme. La nascita dei fiori gli ricordò le parole con le quali Febe lo aveva salutato: «Ci rivedremo quando i nostri semi saranno sbocciati.»

La memoria di quell'istante scatenò dentro di lui la nostalgia della fanciulla con gli occhi luminosi e, attimo dopo attimo, la mancanza si tramutò in un desiderio incontenibile di rivederla e di averla nuovamente accanto.

Non sapeva cosa le fosse accaduto, né se gli avrebbe concesso una nuova opportunità, ma sperava che Febe gli offrisse l'occasione di dimostrarle che la sua anima era cambiata e che ora c'era lo spazio per costruire un nuovo percorso condiviso.

Mosso da questo pensiero, si preparò per partire alla sua ricerca e di nuovo salutò il piccolo: «Il mondo che abbiamo costruito insieme è bellissimo, ma non è ancora completo.»

«Cosa manca?»

«Qualcuno capace di farlo brillare con la luce del suo sguardo.»

«Quale persona possiede occhi tanto belli?»

Flavio accennò un sorriso. «L'hai già conosciuta quando, tanto tempo fa, ha cercato di salvarti.»

Il bimbo tacque per un attimo. «Sì, me la ricordo!» esclamò. «Mi piacerebbe rivederla.»

«Farò di tutto per riportarla da noi» disse il ragazzo, dandogli un bacio prima di partire.

Flavio ripercorse la strada che varie volte l'aveva condotto da lei e scandagliò ogni angolo del tracciato, sperando di imbattersi nella luce del suo sguardo, ma la fanciulla sembrava non trovarsi più nel luogo in cui l'incontrava di solito.

Si sedette in attesa del suo ritorno, non sapendo dove altro cercarla. Pregava che non fosse troppo tardi e che Febe non si fosse definitivamente allontanata. Aspettò per diverso tempo, ogni giorno più incerto e scoraggiato, ma di lei nemmeno l'ombra. Forse i suoi semi avevano richiesto più cure del previsto, si diceva, oppure lei aveva intrapreso un altro cammino.

Proprio quando si era ormai rassegnato all'idea di rincasare da solo, sentì una voce che lo chiamava: «Flavio, cosa ci fai qui?»

Lui si voltò sorpreso e rimase incantato dall'intenso bagliore degli occhi di Febe. Si avvicinò pieno di emozione: «I miei semi sono sbocciati, per questo sono tornato a cercarti.»

Febe rimase colpita dal fatto che lui si fosse ricordato il suo saluto, ma preferì tacere e lasciare che fosse il ragazzo a spiegarle le sue intenzioni. Flavio, intuendo la sua reticenza, non si diede per vinto: «Da quando ci siamo separati sono cambiate molte cose nella mia anima. Se me lo concederai, vorrei mostrarti ciò che ho imparato nel tempo trascorso lontano da te. Ho costruito un mondo diverso, nel quale ora c'è spazio per coltivare l'affetto.»

La ragazza lo ascoltava con attenzione, gioendo per quelle parole. Le emozioni che provava nel ritrovarlo l'avrebbero spinta ad accettare all'istante la sua proposta, però sentì che aveva bisogno di rifletterci su prima di prendere una decisione. «Sono felice di vederti e di sapere che sei riuscito a far germogliare i semi, ma ho bisogno di un po' di tempo.»

«Capisco» disse Flavio tentando di nascondere il dispiacere. «Quando potrò tornare per chiederti quale sarà la tua decisione?»

«Quando mi sentirò pronta, sarò io a venire da te» rispose Febe, donandogli uno sguardo pieno di luminosità prima di salutarlo.

«Ti aspetterò!» disse Flavio incamminandosi verso la propria anima.

L'incontro aveva scatenato sentimenti contrastanti in Febe. Provava una gioia immensa al pensiero di intraprendere un nuovo percorso di coppia insieme a lui, ma allo stesso tempo temeva di perdere ciò che aveva costruito da quando era tornata a prendersi cura della sua anima.

Lei e la sua piccolina avevano creato un mondo stupefacente, ricco di prati di ogni genere. Attorno agli arbusti centrali erano comparsi moltissimi giardini, come il parco dei divertimenti, che era spuntato quando lei e la bimba avevano cominciato a fare tutte le cose che regalavano loro allegria, recuperando le risate mancate nel suo passato.

Poi era nata l'isola delle passioni, piena dei talenti nascosti che Febe aveva fatto germogliare; dal terreno era sbucato anche il giardino delle amicizie, che era comparso quando la fanciulla si era resa conto di quante cose stupende avrebbe potuto scoprire di sé varcando gli occhi dei suoi amici.

Una delle ultime ad apparire fu la serra delle esperienze, nella quale coltivava avventure in giro per il pianeta, che le insegnarono molte cose di se stessa e di ciò che la circondava. Febe era spaventata all'idea di perdersi di nuovo nel mondo dell'altro, trascurando le conquiste fatte fino a quel momento, ma dopo avere riflettuto a lungo le vennero in aiuto le parole che le aveva detto l'Apriporte: «Spesso gli errori sono portatori di grandi insegnamenti. Fa' tesoro di ciò che hai imparato.»

Ripensando a quella frase, comprese che gli sbagli commessi non avrebbero dovuto impedirle la costruzione di un futuro, ma solo spronarla a edificare un percorso migliore, evitando di commettere ciò che sapeva essere un passo falso.

Febe si rese conto che avrebbe potuto ritentare mettendo a frutto i molti insegnamenti appresi: il primo fra tutti era che il proprio mondo non va mai trascurato. Forte di queste riflessioni, decise di dare a Flavio e a se stessa un'altra possibilità.

Si preparò a partire verso l'anima del ragazzo, ma prima di avviarsi sentì la necessità di concludere qualcosa che aveva lasciato in sospeso. Non poteva andarsene portando con sé il pesante segreto della bambina senza nome, né tacere il cammino rimasto incompiuto dentro il padre. Per questo si munì di tutto il coraggio necessario a svelare ai propri custodi ciò che aveva sempre serbato in silenzio.

Comunicò ai genitori la decisione di raggiungere Flavio nel tentativo di costruire una vita con lui e chiese loro, come regalo prima di andarsene, un momento di attenzione. Quando fu certa che Angelica e Andrea fossero concentrati su di lei, si rivolse alla mamma: «Ho qualcosa da dirti, un segreto doloroso che ho tenuto con me per tutta la vita, ma ora è tempo che tu sappia la verità.»

«Ti ascolto» disse la madre intimorita.

«Quando da piccola sono entrata nella tua anima per scoprire il volto della mia identità» spiegò Febe risoluta, «non ho trovato me stessa, ma una bimba nascosta in un luogo buio del tuo mondo. Ho provato a salvarla, ma ho capito solo da poco che non posso farlo.»

«Ma di cosa stai parlando? Non esiste più nessuna bambina in me!»

«Lei c'è, mamma, è ancora viva dentro di te» sospirò Febe.

«L'ho allontanata da me tanto tempo fa e pensavo che non esistesse più» ammise alla fine Angelica, scoppiando in singhiozzi.

Febe accarezzò la madre e le asciugò le lacrime dal volto. «Quando sono nata le mie grida l'hanno risvegliata, e ora lei attende che la sua mamma torni da lei.»

La custode scosse la testa: «La mamma di quella bimba se n'è andata lasciandola sola molti anni fa, e ora non tornerà più.»

«Lo so» annuì Febe, «ma ora ci sei tu e potrai donarle tutte le cose che la sua mamma non ha avuto il tempo di darle. Lei ti aspetta e ha bisogno di qualcuno che le ricordi il suo nome, perché da quando è stata abbandonata lo ha dimenticato.»

Angelica strinse la ragazza al petto e le disse qualcosa che Febe aspettava da tanto tempo: «Grazie per tutto quello che hai fatto per me, non potevo avere dono più grande dalla vita di una figlia come te.»

Gli occhi della mamma divennero limpidi come mai erano stati, senza ombre né muri, e Febe si commosse vedendovi riflesso per la prima volta il volto della sua identità.

Incredula per la meraviglia che stava avvenendo e piena di emozione, la giovane le disse: «L'ho finalmente trovato, mamma!»

«Cosa?» chiese Angelica.

«Ho trovato il tesoro nascosto dentro il tuo sguardo, che cercavo in te dal mio primo giorno di vita» le raccontò Febe, con gli occhi che emanavano una luce tanto intensa da far brillare tutta la sua anima.

Ancora scossa per la felicità di essersi scoperta dentro la custode, si girò verso il padre, che aveva assistito in silenzio alla scena commovente, e guardandolo nel profondo delle pupille gli disse: «Non sono mai riuscita a raggiungerti, papà, perché eri sempre troppo lontano, perso nella vetta che hai posto all'ingresso del tuo mondo. Ho provato a scalarla e ho anche tentato di oltrepassare tutti i muri che hai costruito per proteggere te stesso e gli altri, ma...» continuò Febe senza riuscire a trattenere le lacrime, «... ma devi sapere che in tutti questi anni ho scoperto una cosa importantissima.»

«Cosa?» domandò Andrea, altrettanto turbato.

«Che la felicità è sempre nascosta dietro un muro» rispose Febe.

Il padre si lasciò andare a un pianto composto ma intenso, e in quel momento la piccolina dentro Febe la richiamò: «Mamma, perché non gli regaliamo la chiave che mi aveva dato l'Apriporte? Forse lo aiuterà a trovare un varco.»

«Hai ragione» approvò la ragazza, che prese la chiave dalle mani della bambina e la appoggiò sull'uscio del mondo del padre. «Ti lascio questa, papà. Se un giorno la userai, scoprirai che nessuna parte di te merita di stare imprigionata dietro un muro.»

Andrea vide realmente sua figlia per la prima volta e anche lui le concesse ciò che da sempre le aveva negato, permettendole di vedersi dentro i suoi occhi, che divennero specchi capaci di riflettere la sua immagine.

Febe si sentì finalmente pronta per partire e, mentre si dirigeva verso il mondo di Flavio, avvertì crescere dentro di sé un nuovo arbusto, proprio al centro della sua anima, sul cui tronco era incisa la scritta IO SAPRÒ BADARE A ME STESSA.

La strada dell'amore

I passi di Febe si muovevano veloci, spinti dall'impazienza di rivedere Flavio. Quando la fanciulla arrivò da lui, si affacciò al suo mondo e, dopo un lungo respiro, lo chiamò: «Sono tornata!»

Il ragazzo, che da giorni si era appostato all'ingresso in attesa del suo arrivo, le rispose con il cuore palpitante: «Sono felice che tu sia qui», e le corse incontro invitandola a entrare.

Febe avanzò lentamente, intimorita da ciò che avrebbe potuto trovare, e prima di procedere volle spiegargli perché si trovasse lì. «Anche se ho deciso di tornare, ho molta paura di sbagliare ancora» gli confidò, «di perdermi nel tuo mondo e di dimenticarmi del mio. Ma sono qui perché desidero scoprire se ora possiamo costruire insieme qualcosa di diverso, qualcosa che ci renda felici.»

«Capisco che tu sia spaventata, anche io lo sono» ammise lui. «Ma vorrei dimostrarti che la mia anima è cambiata e che sento che possiamo farcela.»

«Va bene» accettò Febe. «Anche tu dovrai visitare la mia, perché è molto diversa da come l'hai vista l'ultima volta. Potrebbe non piacerti più.»

«Non vedo l'ora di farlo» rispose Flavio. Prima di condurla al centro dei suoi giardini, sentì il bisogno di aggiungere: «Ti chiedo perdono per l'edera che ho seminato in te.»

«Mi ha fatto molto male scoprire che avevi oscurato il mio mondo» riconobbe la ragazza. «Ma io ho sbagliato a lasciarlo nelle tue mani, questo non succederà più.»

Flavio si scusò nuovamente per il dolore che le aveva procurato.

Febe abbassò gli occhi. «Anch'io devo chiederti perdono per aver cercato di cambiarti.»

«So che volevi solo migliorare la mia anima» sospirò lui, «ma non ero pronto per ricevere il tuo aiuto.»

I ragazzi si abbracciarono e Flavio la prese per mano, desideroso di condurla nei suoi prati. La accompagnò chiudendole gli occhi per farle una sorpresa, come già aveva fatto in passato, ma questa volta Febe vide qualcosa di molto diverso. I giardini di Flavio erano sempre bellissimi, ma avevano perso la rigidità che li rendeva intoccabili, e ovunque spiccavano stupendi fiori rossi che donavano calore.

«Il tuo mondo è veramente cambiato» esclamò. «Dove sono i narcisi?»

«Li ho tolti tutti, perché l'Apriporte mi ha rivelato che erano loro a provocare la maledizione» sospirò Flavio.

«L'Apriporte?»

«Sì. Le ho chiesto aiuto perché non riuscivo più a essere felice dentro me stesso. Grazie a lei ho abbattuto i muri e scoperto che anch'io sono capace di amare.»

Non appena sentì la parola «muri», Febe si girò all'istante e vide che ne restava solo una piccolissima porzione. «Dove si trova il piccolo?» domandò.

«Guardalo» rispose Flavio indicandolo. «Sta giocando a nascondino nel parco delle sfide e attende di rincontrarti.»

Febe cominciò a piangere, commossa nel sapere che il bimbo era libero e salvo.

«Ho visto abbastanza» gli disse contenta. «Ora vorrei che fossi tu a entrare nel mio mondo, così potrai decidere se desideri farne parte.»

Flavio varcò la soglia dei suoi occhi pieno di curiosità, e ciò che vide lo lasciò senza fiato. L'anima di Febe era ricca di ogni bellezza, e questa volta il ragazzo ebbe cura di leggere tutte le scritte dei moltissimi giardini comparsi dentro di lei. Quando fu dinanzi agli alberi che già conosceva, notò che qualcosa era cambiato.

«Cos'è successo a questi arbusti?»

Febe, sorpresa nel vederlo così attento ai particolari della sua anima, gli rispose prontamente: «L'Apriporte mi ha aiutato a capire che le piante che disprezzavo potevano diventare molto preziose, se fossi riuscita a usarle in modo diverso. Sono state proprio loro a permettermi di salvare me stessa e la piccolina che avevo dimenticato lungo le vie del mio passato.»

«La piccolina?!» esclamò Flavio stranito.

«Sì» rispose Febe. «L'Apriporte mi ha svelato che anch'io avevo una bimba abbandonata dentro di me. L'ho lasciata in un punto lontano della mia anima ad attendermi, mentre io cercavo di salvare i bambini degli altri.»

«Dove si trova adesso?» chiese Flavio intenerito.

Febe la indicò. «È distesa vicino a quel tronco. Si sta riposando per recuperare le forze, dopo avermi aiutato a raccogliere i frutti maturati sui miei arbusti.»

«Ho visto tutto ciò che mi serve» sorrise Flavio. «I tuoi giardini sono bellissimi. Vorrei che provassimo a costruire la strada del nostro futuro insieme.»

La fanciulla lo guardò con occhi pieni di splendore.

«So che abbiamo sbagliato molto in passato» proseguì lui. «Ma il nostro incontro ci ha cambiato e ci ha permesso di migliorare i nostri mondi. Se non ti avessi conosciuto, non sarei mai riuscito a scoprire il volto della mia vera identità.»

Febe annuì. «Io sono stata molto arrabbiata con te e per tanto tempo ho pensato che tu avessi rovinato la mia anima, poi ho compreso che dovevo incontrare te prima di poter incontrare me stessa.»

Dopo aver condiviso questi importanti pensieri, si abbracciarono intensamente. Ora non restava che capire come costruire il loro percorso di coppia in modo diverso. Si presero del tempo per progettarlo e, in seguito a una lunga riflessione, decisero che la strada dell'amore avrebbe avuto la forma di un ponte, che avrebbe unito i loro mondi e permesso a entrambi di occuparsi dei propri giardini restando sempre collegati l'uno all'anima dell'altra.

Edificare il ponte fu arduo, ma ogni volta che si sentivano affaticati trovavano il coraggio di proseguire traendo forza dal tintinnio delle chiavi che l'Apriporte aveva forgiato per loro, e dai semi dei tre principi che continuavano a crescere rigogliosi nei loro prati. Giorno dopo giorno, costruirono un'opera solida e portentosa e, quando i loro occhi la osservavano, Febe e Flavio ricordavano con stupore le imprese che avevano dovuto compiere insieme per portare a termine quel capolavoro.

Un giorno avrebbero raccontato questa storia ai figli e avrebbero avuto cura di guidarli alla scoperta dei tesori nascosti nel profondo delle loro anime, offrendo sguardi lucenti come specchi nei quali avrebbero sempre potuto scorgere il volto della loro identità.

Ringraziamenti

Che cosa vedi dentro i miei occhi?

Dentro i tuoi occhi ci sono io, mamma...

Un ringraziamento speciale va ai miei figli, mia costante fonte di ispirazione, che spero possano sempre trovare nei miei occhi uno specchio capace di riflettere il volto della loro identità.

Ringrazio mio marito, che mi ha permesso di avventurarmi nella stesura di questo libro offrendomi il sostegno pratico ed emotivo senza il quale non sarebbe stato possibile realizzarlo.

Ringrazio mia sorella, da sempre il mio sostegno più grande.

Ringrazio i miei familiari, gli amici e i colleghi che mi hanno incoraggiato in ogni istante regalandomi parole di affetto e di stima.

Ringrazio Ester Mazzoni e la casa editrice Sonzogno per la fiducia in me e per aver reso possibile la pubblicazione di questo libro, dandomi l'occasione di raccontare ciò che i miei occhi hanno visto in questi anni di lavoro dedicati al trattamento della dipendenza affettiva e del narcisismo patologico, e alla cura delle coppie desiderose di approdare a una modalità più sana di amare.

Stampato da
Grafica Veneta S.p.A., Trebaseleghe (Padova)
per conto di Sonzogno di Marsilio Editori® in Venezia

Edizione

12 11 10 9 8 7 6 5 4 3

Anno

2022 2023 2024 2025 2026